I0083230

ABD-EL-KADER

AU

CHATEAU D'AMBOISE.

ABD-EL-KADER

AU

CHATEAU D'AMBOISE

DÉDIÉ

A M. LOUIS-NAPOLÉON BONAPARTE

PRÉSIDENT DE LA RÉPUBLIQUE FRANÇAISE

PAR Mgr Ant.-Ad. DUPUCH

Ancien Évêque d'Alger.

DEUXIÈME ÉDITION.

BORDEAUX,

IMPRIMERIE ET LITHOGRAPHIE DE H. FAYE,

rue Sainte-Catherine, 139.

Août 1849.

Je reviens à peine d'Amboise; j'y ai passé plusieurs jours sous le toit hospitalier de son vieux château, dans l'intimité la plus douce avec un illustre captif. Plus que beaucoup d'autres, je crois connaître désormais et pouvoir apprécier Abd-el-Kader.

Cependant, à mon retour à Bordeaux, sur mon chemin, partout, je trouve une foule de personnes, dignes d'ailleurs de toute confiance, qui se font de cet homme extraordinaire une idée fausse, incomplète, et qui, par suite, contribuent, plus qu'elles ne le soupçonnent assurément, à retarder l'époque incertaine encore où justice lui sera enfin rendue.

Je crois, moi, au contraire, que, si tous en France connaissaient Abd-el-Kader autant que je le connais maintenant, cette époque serait désormais peu éloignée.

Donc, je me figure que c'est pour moi un devoir d'humanité, en attendant que je puisse faire davantage, d'essayer de rétablir la vérité sur son compte, à l'égard de certains faits, en particulier, de fort grave et délicate nature pour la plupart, et de hâter peut-être par là le moment où se dissiperont les nuages dont elle n'est que depuis trop longtemps enveloppée.

Cette persuasion, qui m'est chère à plus d'un titre, et à laquelle j'avoue que je ne sais pas résister, sera ma meilleure excuse auprès de ceux entre les mains desquels tomberont ces quelques pages, simples, consciencieuses, et qui me paraissent devoir être aussi bien un acte de patriotisme vrai qu'un acte de charité chrétienne.

Je demande à Dieu de les bénir.

Bordeaux, le 15 mars 1849.

✝ Ant.-Ad. DUPUCH.
Ancien Évêque d'Alger.

Le produit de cette petite publication, si elle avait quelque succès, serait consacré à une œuvre de charité des plus intéressantes; voir à la fin du chapitre troisième.

ABD-EL-KADER

AU

CHATEAU D'AMBOISE.

CHAPITRE PREMIER.

Du plus ou moins de confiance que devrait inspirer la parole
de l'Émir.

—

Ainsi, et tout d'abord, quelle confiance vraie,
sérieuse, pourrait-on avoir dans la parole, solennellement donnée par Abd-el-Kader, de ne plus
retourner en Algérie, de ne jamais plus porter les
armes contre la France?

Mais déjà l'Émir n'a-t-il pas traité, à diverses
reprises, avec certains représentants du gouvernement français; et, par le passé, ne serait-il pas
permis d'apprécier, jusqu'à un certain point, l'avenir? Quel est, d'ailleurs, le fond du caractère de ce
personnage éminent à tant de titres? Quelles garan-
ties morales offre-t-il personnellement?

1

En 1833, ou vers le commencement de l'année suivante, le général Des Michels, à tort ou à raison, conclut avec Abd-el-Kader, à peine alors au début de son émouvante carrière, une première convention, une première trêve.

Je n'ai pas, vous le comprenez bien, à l'examiner ici avec vous; je ne serais compétent sous aucun rapport; je ne fais que raconter.

Cependant, déjà en 1834, cette paix de quelques mois est rompue; la guerre éclate de nouveau entre le jeune chef arabe et un guerrier non moins malheureux que vaillant, le successeur du général Des Michels à Oran.

J'ouvre, à cette occasion, les documents qui me semblent les plus impartiaux de l'époque; je consulte tous ceux qui purent avoir alors le plus de relations sérieuses avec l'Émir; je l'interroge lui-même: réponses uniformes. Je les résume. Ce n'est pas précisément lui qui a fait avorter la trêve conclue naguère; en d'autres termes, il ne reprit pas le premier de déplorables hostilités [1], quoique, dans l'ardeur de son désir d'accroître son influence parmi ses coreligionnaires et ses concitoyens, il se soit laissé entraîner, suivant le dire de quelques-uns, à franchir les eaux du Chélif (a).

---

[1] Voyez, après le dernier chapitre, une note fort grave sur ce sujet.

En 1837, et dans l'intérêt d'une expédition célèbre à l'extrémité opposée de l'Algérie (celle de Constantine contre Ahmed-Bey), nouvelles négociations,
nouveau traité entre la France, représentée à la
Tafna par le général Bugeaud, et Sid Hadji Abd-
el-Kader Ben-Mahi-Eddin.

Cette convention, je ne l'examinerai pas davantage que la précédente; pareil examen ne saurait
me regarder d'aucune façon.

Mais, je cherche encore, j'interroge des documents semblables à ceux dont j'invoquais le témoignage il n'y a qu'un instant; ou plutôt, je n'ai qu'à
consulter, qu'à me rappeler ce que j'ai pu voir, ce
que j'ai pu entendre moi-même en Afrique, au
mois de novembre 1839.

Or, qui donna derechef, à cette époque, le signal de la reprise des hostilités; je veux dire,
quelle en fut l'occasion principale?

Demandez-le au vainqueur de Constantine et à
son royal lieutenant, le lendemain de l'audacieux
passage des Bibans (b).

Abd-el-Kader n'était pas même prêt alors à la
faire, cette guerre, jusqu'à la fin de laquelle, selon
sa trop significative expression, « il ne devait pas
» cesser d'être une épine dans notre œil. »

L'organisation de ses premiers bataillons, de ses
escadrons de réguliers, ses fondations de Thasa, de
Boghar, de Tekedempt, de Saïda, etc., ses essais

de manufactures d'armes, d'entrepôts, rien n'était achevé; ce n'étaient encore vraiment que de grossières ébauches; et, à tous égards, les conditions du fameux traité lui étaient, de l'aveu de tous, par trop avantageuses.

Déclarer cependant la guerre, la vouloir, seulement même la provoquer ouvertement, c'était, de sa part, tout compromettre, tout ruiner; l'événement l'a bien suffisamment démontré. D'un autre côté, ne pas reprendre résolument les armes, alors qu'au lieu d'être traité comme un allié, il n'était déjà plus considéré, à tort ou à raison, que comme un ennemi presque avoué, n'était-ce pas tout à fait impossible, le sang d'Abd-el-Kader n'eût-il pas même bouillonné dans ses veines?

Il y a un an, ces jours-ci à peine, une dernière convention ou capitulation, peu importe le nom, est conclue, signée non loin de la Mouloüïa; l'Émir, qui peut à toute force échapper à son vainqueur, mais qui ne peut consentir à lui abandonner sa vieille mère, a foi au général français, à sa parole, et au sceau qu'il lui a envoyé avec son sabre.

Ce qu'il s'engageait à faire, Abd-el-Kader l'a fait sur-le-champ, en se livrant, lui, sa famille entière, sa mère, ses femmes, ses enfants, ses frères.

Ce que le représentant de la France, en ces émouvantes circonstances, avait promis, ce qu'il s'était formellement engagé à faire de son côté, au nom de son gouvernement dont il se portait fort, l'a-t-il pu faire? Sa parole, encore en ce moment, est-elle dégagée?

Eh! que réclame donc autre chose l'infortuné prisonnier, depuis le premier jour de cette douloureuse autant qu'étrange captivité?

Au surplus, dans une foule d'occasions moins importantes, et, par suite, moins connues, cette fidélité à sa parole, à ses engagements, de la part de l'Émir, vous ne cesseriez de la retrouver et de l'admirer avec moi, si j'avais le temps de vous entretenir ici[1], avec plus de détails, de tout ce que j'en peux savoir personnellement. Une ou deux citations abrégées suffiront, en attendant, à vous en donner au moins une idée.

La première me rappelle certaines circonstances fort délicates d'un célèbre échange de prisonniers, à l'occasion duquel vous ne tarderez pas, j'ose l'espérer, à partager la confiance profonde qu'il m'inspira. Or, le matin du jour où il se devait consommer, ce ne fut pas le khalifa de l'Émir qui occupa, par surprise et à main armée, Dieu sait à quels périls! sans que nul pût le soupçonner, au contraire, le lieu sauvage de ce rendez-vous sacré... et le reste, que je vous prie de me permettre de ne pas ajouter. Ce ne serait point, hélas! la confiance en

---

[1] Je le ferai quelque jour, en écrivant sa vie entière.

la parole d'Abd-el-Kader qui en souffrirait le plus.

La seconde, relative à des ouvriers français employés par lui, du consentement du gouverneur général, avant la reprise des hostilités, en 1839, ne témoigne pas moins de sa générosité, proverbiale d'ailleurs parmi les siens, que de cette inviolable fidélité à la foi promise.

Donc, pour prix de leur industrie et de leurs services, 3,000 fr. avaient été assurés à chacun de ceux-ci quand serait venue la fin de leur engagement et de leur travail. Cependant, avant que leur tâche ne fût terminée, la guerre s'était rallumée. Impatients de s'en revenir vers leurs frères, ils osent bien pourtant réclamer de l'Émir ce salaire élevé, et lui demander de reprendre, sans plus tarder, avec leur trésor, le périlleux chemin des avant-postes français.

Et non-seulement Abd-el-Kader y consent, leur fait compter, dès le lendemain, la somme entière qu'il leur avait promise; mais encore il leur donne pour les accompagner, pour prévenir d'inévitables malheurs, une escorte proportionnée aux dangers qu'ils pouvaient courir, eux et leur argent, au milieu des tribus soulevées de toutes parts.

Ceci, je le tiens de leur propre bouche; je le recueillis deux jours après leur arrivée à Alger.

Qui n'a connu, en Afrique, environ ce même temps, cet autre trait significatif? Ce ne fut pourtant pas, cette fois, l'Émir qui en donna personnellement l'exemple et qui en fut le héros; mais bien le premier de ses lieutenants, celui dont la bravoure et la loyauté rappelèrent toujours davantage celles d'Abd-el-Kader, Sid Mohammed-Embarrack Ben-Allal.

Celui-ci devait au colonel de La Moricière, pour prix d'un cheval, si ma mémoire n'est pas trop infidèle, une certaine somme qu'il n'avait pu lui remettre au moment où il courait aux armes. Quelques jours après, ne vint-il pas, la nuit, la suspendre, dans un sac de cuir, à l'un des vieux orangers du camp des Zouaves, à Koléah, au péril de sa vie? Que le disciple nous fasse cependant apprécier de plus en plus le maître.

Ah! si vous pouviez autant que moi connaître à quel point le captif d'Amboise sut toujours, dès son enfance, et, aujourd'hui plus que jamais, dans son donjon, sait se montrer sincèrement, profondément religieux, vous seriez moins étonnés, vous et bien d'autres, de la confiance que je parais avoir en lui. J'avoue qu'avant de l'avoir vu aussi souvent, d'aussi près, à Pau, à Bordeaux, sur le *Caïman*, aux rives de la Loire, je n'aurais pu me le figurer moi-même, malgré tout ce que j'en avais entendu raconter; évêque, je ne vous serai pas suspect en ce point.

Assurément, si vous ne saviez pas d'avance quel est celui que vous allez visiter en franchissant le seuil du vieux manoir, vous le prendriez bien plu

tôt pour quelque pieux cénobite que pour un organisateur, un homme politique, un guerrier de cette
trempe; tel, en un mot, qu'il se montra si souvent,
depuis qu'à vingt-deux ans à peine il fut appelé
par les anciens des tribus, par l'enthousiasme intelligent de tous, à les représenter désormais, à
monter à cheval à leur tête, à lutter contre la France
et l'élite de ses guerriers.

Naguère, dans son camp, vous eussiez été ravi
d'admiration et involontairement ému à la vue de
tout ce que vous y eussiez rencontré sous ce rapport; ceci, je ne le sais que par ouï-dire, mais je
le tiens de trop de témoins honorables pour ne pas
y ajouter autant de foi que si je l'avais vu. Mais,
dans sa prison, car, toute princière qu'elle soit d'ailleurs, sa résidence n'a pourtant pas aujourd'hui de
nom plus vrai, je n'en étais ces jours-ci encore l'intime témoin qu'avec ce double et profond sentiment, sauf une confusion trop facile à comprendre
pour quiconque compare cette vie de prière, d'abs-
tinence, de résignation, avec tant d'autres exis-
tences que je ne dois pas rappeler autrement ici;
ce n'est pas nécessaire.

Au château, comme autrefois au camp et sous les
tentes, la prière en commun, la lecture religieuse
et son explication, se font avec une égale régulari-
té : depuis les vieillards jusqu'aux enfants, tous y
assistent dans le recueillement le plus saisissant;

aux jeûnes ordinaires, prescrits par le Coran, et que n'interrompaient pas même, dans leur temps, les incroyables fatigues d'une pareille guerre, ils ajoutent désormais de nouvelles austérités.

Ainsi, pardonnez-moi ces détails, parmi eux nul ne fume, nul n'oserait se permettre le moindre jeu, si ce n'est parmi les plus jeunes hommes peut-être, et encore quels délassements[1] !

Dès les trois heures du matin, dans cette saison, et sous ce ciel si différent de celui de la patrie, les enfants de l'Émir — l'aîné n'a pas dix ans — sont déjà levés et appliqués à une étude mêlée de prières et de pieuses pratiques.

Ainsi, deux fois sur quinze jours, j'ai surpris Abd-el-Kader, dont la santé décline peu à peu sous ces verroux, et son vieil oncle, unissant des jeûnes extraordinaires et de surérogation à de longues oraisons, « Afin, c'étaient leurs expressions, de » rendre par là leurs prières moins indignes de ce- » lui à qui, du fond de leur cœur, ils les adres- » saient ». Qui ne sait que ces jours-là ils ne man- gent ni ne boivent absolument rien avant la nuit, avant l'heure où il n'est plus possible de distinguer un fil blanc d'un fil noir? (Coran.)

Mais, écoutez ici un instant, à ma place, un homme digne de la confiance la plus parfaite, soit

---

[1] Je les y ai vus une seule fois jouer aux dames.

à cause de son caractère personnel, soit par son expérience de ces mêmes détails dans d'autres circonstances, et sa connaissance très-particulière de l'illustre captif et de son héroïque caractère.

Voici, en effet, le portrait que M. le colonel Daumas me faisait de l'Émir, à l'occasion de mon voyage au château d'Henri IV, il y a quatre ou cinq mois :

« Vous allez donc visiter l'illustre prisonnier du » château de Pau; ah! vous ne regretterez certai- » nement pas votre voyage. Vous avez connu Abd- » el-Kader dans la prospérité, alors que, pour ainsi » dire, l'Algérie tout entière reconnaissait ses lois; » eh bien, vous le trouverez plus grand, plus éton- » nant encore dans l'adversité; comme toujours, » du reste, il domine sa position.

» Doux, simple, affectueux, modeste, résigné, » ne demandant rien, ne s'occupant d'aucune des » choses de ce monde, ne se plaignant jamais, ex- » cusant ses ennemis, ceux dont il a pu avoir da- » vantage à souffrir, et ne permettant pas qu'on en » dise du mal devant lui. Musulmans ou chrétiens, » quelque sujet de plainte qu'il ait pu en avoir au » fond, il rejette la conduite des premiers sur la » nécessité des circonstances; le drapeau, sous le- » quel combattaient les seconds, explique et justi- » fie la leur.

» En allant consoler une aussi noble infortune,

» vous ajouterez donc une nouvelle œuvre sainte
» et miséricordieuse, etc. »

Et, ne vous figurez pas que ce soit le seul qui
tienne volontiers ce touchant langage; demandez
plutôt à l'ancien gouverneur militaire du château
d'Henri IV, au loyal commandant Saragosa; ou bien
au modeste mais si intéressant officier qui lui a succédé dans son commandement, le capitaine d'ar-
tillerie Boissonnet, en mission auprès de l'Émir; au
capitaine Fournier, son digne adjoint, ou même indistinctement à tous ceux qui l'entourent, qui l'approchent, qui le connaissent ou l'ont tant soit peu
connu, à quelque degré de l'échelle sociale que ce
puisse être, et vous n'en trouverez pas un seul qui
ne vous atteste sur l'honneur, avec moi, que le
sentiment religieux est aussi sincère que profond
et inaltérable chez Abd-el-Kader.

N'allez pourtant pas croire davantage de sa part,
ainsi que souvent je l'entendis supposer, à un fana-
tisme aveugle, passionné, intolérant, plutôt qu'à
cette piété du cœur, à cette élévation de l'âme, à
ce besoin de célestes communications que supposent en lui les quelques lignes qui précèdent, et
qui me semblent bien plutôt trop peu expressives
que trop exagérées.

Deux citations encore entre beaucoup d'autres;
permettez-les-moi, et, mieux que par des paroles, vous en jugerez : d'ailleurs, ce n'est pas le seul

rapport sous lequel elles vous le feront déjà connaître et apprécier de plus en plus; je les emprun-
terai, comme les deux premières, l'une à d'anciens
hôtes de l'Émir, de la bouche desquels je l'appris
en Algérie; l'autre, à l'un de mes plus chers souvenirs; les voici en action :

— « Sultan (c'est ainsi qu'il était appelé chez les
» siens), Sultan, nous voulons nous faire musul-
» mans, et nous sommes prêts à faire profession
» de ta religion. » Ce sont deux Européens, que
viennent de lui amener ses réguliers à leur retour
d'une de leurs excursions, qui lui parlent.

— « Si c'est de bonne foi, c'est bien, leur ré-
» pond-il; si c'est par une frayeur exagérée de vo-
» tre nouvelle position, c'est contre votre cons-
» cience, c'est mal, ne le faites point.

» Ne craignez pas, au surplus, qu'il tombe par
» mes ordres, ou, moi le sachant, un seul cheveu
» de votre tête, parce que vous êtes et resterez
» chrétiens.

» Bien plus, considérez ce qui vous arriverait si
» jamais vous retourniez vers les Français, si vous
» veniez à tomber entre leurs mains après avoir re-
» nié votre foi; ne seriez-vous pas traités, s'ils le
» savaient, comme de coupables déserteurs; et, si
» quelque échange de prisonniers avait lieu, pour-
» riez-vous espérer d'en faire partie et de revoir
» ainsi vos frères? »

Et moi, j'affirme que ce n'est pas à deux seulement qu'Abd-el-Kader le tint, vers la même époque, ou peu après, cet étonnant langage.

— « J'espère que la bénédiction de Dieu entre
» avec vous dans ma maison. »

C'est à celui qui vous le rapporte qu'il s'adresse cette fois, et peut-être ceci vous fera-t-il comprendre comment il a pu échapper à son interlocuteur de dire qu'il ne désespérait presque pas de le voir se rapprocher du christianisme.... C'était le 3 septembre dernier, auprès du berceau d'Henri IV, au moment où leurs mains, en signe de l'union de leurs cœurs, s'entrelaçaient pour la première fois sur ces cœurs palpitants :

— « Je l'espère, et le demande à Dieu, qui nous
» voit et nous entend, du plus profond de mon
» cœur. »

— « Je sens, dans le fond du mien, qu'il peut
» résulter un grand bien de votre visite et de no-
» tre réunion : puisse bientôt ce pressentiment se
» réaliser ! »

— « De quel bien parlez-vous? car je suis venu
» vers vous les mains aussi vides que le cœur
» plein. »

— « J'aime assurément bien mieux vous voir les
» mains vides et le cœur ainsi plein, que les mains
» pleines et le cœur vide; mais, rassurez-vous, je
» ne veux parler que d'un bien spirituel; en vé-

» rité, le reste serait trop au-dessous de nos en-
» tretiens. »

— « Dieu vous entende ! Certes, je ne le souhai-
» terais pas moins que vous. »

— « Ce n'est pas, au surplus, dans un esprit de
» discussion, de controverse irritante, mais avec
» calme, avec sincérité, avec loyauté, selon qu'il
» convient à des esprits élevés, que je désire-
» rais vous entretenir de ces grandes et saintes
» choses.

» J'ai entrepris de lire le livre de votre loi, la
» Bible; et, pendant votre séjour auprès de moi,
» vous me permettrez de vous demander à ce su-
» jet certaines explications. »

— « Je suis prêt de cœur. »

— « Ah! je sais déjà que votre cœur ne se repo-
» sera pas tant qu'il croira pouvoir faire quelque
» bien au mien; parlez-moi donc comme à un frè-
» re, je me trompe, comme un père à son fils. »

— « J'accepte ces deux titres, et vous offre, en
» retour, les sentiments qu'ils supposent et qu'ils
» expriment.

» Dans de pareilles et mutuelles dispositions,
» pourquoi nos âmes ne se rapprocheraient-elles
» point, en effet, de plus en plus comme nos cœurs?
» Qui sait même si quelque jour, Dieu le fasse bril-
» ler! elles ne finiront point par se reposer dans
» la même unité! »

— « Voici ce que j'ai lu dans une de nos vieilles
» légendes :

« Un jour, un voyageur, s'en allant visiter un
» ami malheureux, rencontra un ange sur son che-
» min. Où allez-vous ainsi? lui dit, en accourant
» au-devant de lui, le céleste messager. — Je vais
» visiter telle personne qui me réclame. — Eh!
» qu'en attendez-vous? est-elle donc si puissante,
» si fortunée? — Non, certes; mais elle a besoin,
» je le sais, de consolations, et je m'empresse, je
» cours vers elle, pour lui faire du bien, tout le
» bien que je suis capable de lui faire avec le se-
» cours de Dieu. — Ah! continuez votre route bé-
» nie, tous vos pas seront comptés, pas une seule
» de vos paroles ne restera sans récompense. »

Mais, c'est assez, c'est trop; je me laisse aller
au charme de ces souvenirs; je m'oublie.

Toutefois, il me semble que vous devez être persuadé, convaincu de la sincérité, de l'élévation du
sentiment religieux dans l'âme, si éminente d'ailleurs, nul n'en disconviendra, de l'émir Abd-el-
Kader.

Or, dans de semblables dispositions, avec un besoin pareil, un sentiment aussi incessant et aussi
profond de Dieu, comment supposer que, dans le
cas où il donnerait sa parole solennelle de ne plus
porter les armes contre la France, ni rien faire et
entreprendre de contraire à ses intérêts, il ne la

tiendrait effectivement point, et se souillerait, sur
le déclin de sa vie, d'un tel parjure, d'une telle in-
famie?

J'étudie son passé; je n'y trouve que loyauté,
fidélité à la foi jurée; je ne sache pas une voix
grave et consciencieuse qui lui reproche aujour-
d'hui d'y avoir jamais manqué positivement en rien
d'essentiel; j'étudie son cœur, son âme, son caractère, sa vie la plus intime; et, je le déclare, je l'affirme, avec autant de conviction que d'émotion,
pour moi, je ne douterais pas un instant de sa promesse [1]; j'emprunte d'avance, au besoin, à un homme qui le connut beaucoup autrefois (il vécut deux
ans près de lui), cette parole qui reviendra probablement encore sous ma plume :

---

[1] Certes, je crois qu'il n'est pas possible de chérir l'Algérie plus
que je ne le fais, et ne le ferai toujours; eh bien! loin de trouver,
comme plusieurs le craindraient, un obstacle à la prospérité de
la colonie dans la mesure à laquelle je fais allusion, j'oserais aller
jusqu'à me persuader que ce serait un moyen de plus d'en hâter
l'heureux développement; c'est même un des consciencieux mo-
tifs qui m'ont fait ébaucher ces quelques pages. Je redouterais,
en effet, pour Elle, à cause de l'irritation profonde qui en résul-
terait chez les Arabes, et de la défiance qu'elle leur inspirerait de
notre loyauté, de nos propres promesses, dans l'avenir, la pro-
longation de la captivité d'Abd-el-Kader.

En réalité, on ne peut le garder toujours sous les verroux; et
calcule-t-on bien ce qui pourrait à la fin en rester dans cette âme
si profondément impressionnable? Convaincu, comme je le suis,

« *Sincère, esclave de sa parole, la perfidie et le*
» *mensonge ont seuls le pouvoir d'exciter la colère*
» *d'Abd-el-Kader.* » (Extrait d'une relation imprimée d'un séjour au camp de l'Émir.)

qu'il garderait la foi jurée, ce dont je me rendrais volontiers ga-
rant (je ne peux assurément porter la conviction plus loin), au
nom de l'honneur national, au nom de l'humanité, au nom d'un
pays pour lequel je donnerais ma vie avec transport, m'était-il
possible de ne pas rendre ces choses publiques, quelque délicates
qu'elles pussent être d'ailleurs à traiter?

CHAPITRE DEUXIÈME.

Des premières années d'Abd-el-Kader ; — de ses relations avec la France, et de sa position vis-à-vis de son gouvernement depuis le commencement ; — de sa lutte acharnée contre elle, et des résultats définitifs de ce qui l'a suivie.

—

Cette parole de l'Émir, quelque confiance qu'on y pût vraiment ajouter, ne serait-elle pas néanmoins, au fond, comme malgré lui, en contradiction nécessaire et permanente avec ses relations les plus anciennes, avec son existence tout entière vis-à-vis de la France et de son gouvernement?

La nature de ces relations, et, en particulier, de sa lutte si longue, si acharnée contre la France, ne s'opposerait-elle point à ce qu'il la donnât sans réserve?

Les résultats mêmes de cette lutte, sa captivité déjà prolongée, en l'humiliant, en aigrissant son caractère, en renouvelant ses regrets, ne seraient-ils pas bien plutôt, s'il recouvrait cette liberté tant désirée, de lui faire chercher tous les moyens possibles de prendre tôt ou tard une sanglante revanche?

J'avoue que je ne le croirais pas davantage ; et

voici encore, avec la même bonne foi, sur quoi je
me fonderais :

« Tel que vous pouvez m'entrevoir dans le mi-
» roir de notre conversation, je ne suis pas né pour
» devenir un homme de guerre, ou, du moins, pour
» porter les armes toute ma vie, me disait-il avec
» émotion dans un de nos derniers épanchements de
» cœur ; je n'aurais pas même dû l'être, ce semblait,
» un seul instant ; et ce n'est que par un concours
» tout à fait imprévu de circonstances, que je me
» suis ainsi trouvé jeté tout à coup, et si complète-
» ment, en dehors de ma carrière de naissance, d'é-
» ducation et de prédilection, vers laquelle, vous le
» savez, j'aspire sincèrement et ne cesse de deman-
» der à Dieu de revenir sur le déclin de mes labo-
» rieuses années.

» J'aurais dû être toute ma vie, je voudrais du
» moins redevenir avant de mourir un homme d'é-
» tudes et de prières ; il me semble, et je le dis du
» fond de mon cœur, que désormais je suis comme
» mort à tout le reste. »

Et, dans le vrai, son père, Mahi-Eddin, n'était-il
pas l'un des plus vénérés marabouts de tout le Mau-
greb : et savez-vous quelles leçons il avait données,
dès le berceau, à ce fils chéri entre tous à cause de
ses dispositions merveilleuses à la piété et des grâces de son enfance, où et comment s'écoulèrent les
premières années d'Abd-el-Kader?

Alors les innombrables tribus de l'Algérie vivaient en paix, autant que ce pouvait être vrai de populations semblables, sous la rude domination des Turcs, leurs seigneurs et maîtres; et, assurément, en ce temps-là, nul n'eût soupçonné qu'au bout de quelques années à peine, ces Turcs, le Dey d'Alger à leur tête, seraient détrônés, chassés, remplacés par des chrétiens, et les Français maîtres à leur tour de la plus grande partie de cet empire encore si peu connu à cette époque.

Cependant, vers le même temps, le jeune fils de Mahi-Eddin, à peine à son dix-huitième printemps, faisait avec son père le pèlerinage de la ville sainte de l'Islam et du tombeau du Prophète, et se retirait au Grand-Caire, dans un sanctuaire célèbre, où il se livrait, sous la conduite des maîtres les plus renommés, et dans la compagnie d'une foule de jeunes croyants de son âge, à une étude approfondie de la loi, de ses commentateurs les plus habiles, à la pratique de la vie ascétique pour laquelle il avait une inclination marquée.

Puis, avant de revenir auprès des ombrages de Cachereau (c), sous la tente paternelle, il parcourait une grande partie de l'Orient, visitait Bagdad, Mossul, les mosquées les plus vénérées, amassant ainsi un trésor d'instruction et d'expérience, à un âge où, en Europe, les jeunes hommes les plus éminents entrent à peine dans le monde. On dit que son pèlerinage en Égypte, où Mehemet-Ali réalisait alors des prodiges, ne fut pas étranger à ceux qu'il tenta plus tard lui-même dans un but correspondant.

Quoi qu'il en soit, Abd-el-Kader garde encore aujourd'hui un tel souvenir de ses graves études et de la paix profonde de son âme à cette heureuse époque, qu'ayant eu récemment l'occasion de recevoir au château d'Amboise les hommages d'un vénérable supérieur de séminaire, il lui en parlait avec attendrissement, et se faisait raconter, jusque dans les moindres détails, la pacifique existence des jeunes lévites confiés à ses soins, auxquels même il se comparait et dont il semblait envier le sort : « C'était pourtant ainsi que je vivais ! » disait-il ensuite avec un singulier mélange d'émotion et de candeur.

Sur ces entrefaites, et presque dès le lendemain du retour du fils de Mahi-Eddin dans la campagne de Mascara, le maréchal de Bourmont et sa brave armée descendaient à Sidi-Ferruch le 14 juin 1830 : le drapeau de France flottait à la Casbah de D'Jezzaïr, Hussein-Pacha s'embarquait pour l'Italie, les Turcs étaient bannis et leurs propriétés séquestrées.

Ce fut, dit-on, à certains égards, et je le croirais volontiers, une mesure politique peu prudente, et dont les résultats périlleux ne tardèrent pas à se faire sentir, dans les provinces de l'ouest en particulier.

La nouvelle ne s'en fut pas plus tôt, en effet, répandue au loin, que déjà l'anarchie commençait à
diviser les tribus de ces belliqueuses contrées, surtout leurs scheicks, jaloux les uns des autres, et
que ne contenait plus l'autorité séculaire de leurs
derniers maîtres.

Qui pourrait même calculer les suites de ces ri-
valités et de ces agitations toujours croissantes parmi ces Barbares, si la terreur inspirée par les succès des conquérants, et bien plus encore les ambi-
tieux projets de ceux-ci, trop faciles à soupçonner,
à prévoir désormais pour l'avenir, n'y eussent bientôt mis un terme, en faisant comprendre aux moins
sauvages ou aux plus intelligents d'entre les principaux l'impérieuse nécessité de se réunir, sans
plus tarder, en corps de nation, sous le commande-
dement de l'un d'entre eux?

Au surplus, c'était bien, en effet, l'unique moyen
de résister à la fois à cette dissolvante anarchie et
aux progrès incessants de l'invasion étrangère; car,
vraiment, pour eux, pour ces lointaines peuplades,
c'est bien le mot, et je ne crois pas exagérer en
l'appliquant ici franchement aux développements
de la conquête de 1830.

Je n'oserais prétendre assurément que notre politique ne les exigeât point, ces développements;
mais était-ce une raison suffisante pour que les indigènes, qui n'entendaient guère rien aux querelles

du Dey et du vieux Roi de France, n'en fussent pas
vivement alarmés et ne s'y opposassent pas, au besoin, de toutes leurs forces?

Lequel cependant choisir? qui appeler à ces
émouvantes destinées, à un commandement aussi
difficile, qui le devait devenir bien davantage avec
le temps, et jusqu'alors était sans exemple chez
les Arabes [1]?

Ah! s'ils n'eussent pas été aussi sincèrement,
aussi profondément religieux qu'ils le sont, c'eût
été peut-être une désolante chimère que cette sage
résolution; et, probablement, elle n'eût abouti, dès
le commencement, qu'à d'affreuses et sanglantes
scènes, à une ruine commune.

Donc, les anciens, les chefs des tribus, consul-
tent, comme devant être, pour eux et pour ceux
qu'ils représentent, l'interprète de la volonté du
ciel, et, par conséquent, comme un arbitre irré-
vocable, le marabout le plus vénéré de toutes ces
contrées : leur sort est entre les mains de Sid Hadji
Mahi-Eddin.

Je ne m'arrête pas à vous redire ici ce qui a pu
être plus ou moins poétiquement raconté autrefois
sur ce sujet, et dont je n'affirmerai ni ne contesterai
l'authenticité; mais toujours est-il qu'après de pal-

[1] Avant la conquête, en effet, le rôle politique en Algérie n'ap-
partenait qu'aux Turcs.

pitantes hésitations de la part du célèbre marabout
des Hachems, celui-ci osa bien proposer, non sans
noblesse de caractère assurément, et désigner à ce
choix populaire le troisième de ses fils[1], le jeune
pèlerin de la Mecque, Hadji Abd-el-Kader, en leur
déclarant qu'ils ne trouveraient réunies en aucun
autre, au même degré, les qualités éminentes
qu'exigeait une pareille mission : vous diriez le plus
jeune des fils d'Isaï, l'humble berger de Juda, choisi
de préférence à ses frères pour une gigantesque
lutte.

Ils acceptèrent avec acclamations, à l'exception
peut-être d'un vieux guerrier (Mustapha—ben-Is-
maël); et, sans balancer, sans contester davantage,
pour obéir à ce qu'il devait regarder, en effet,
comme un dessein providentiel, à l'autorité révérée
de son père, non moins qu'aux suffrages de tous
les siens, Sid Hadji Abd-el-Kader Ben-Mahi-Eddin,
salué solennellement du nom d'Émir ou de Sultan,
s'élança résolument sur son cheval, l'étendard du
Prophète à la main, et commença ce rôle héroïque
qu'à notre vif regret il ne nous est pas possible
d'esquisser ici : la guerre sainte était déclarée.

Qui ne sait, au surplus, en Europe ou plutôt dans

---

[1] L'aîné s'appelait Mohammed Saïd; il est aujourd'hui au château d'Amboise; le second, Aly, fut tué peu après en combat-
tant.

le monde entier, quelle intrépidité, quelle activité,
quelle prudence, quelle générosité, quelle constance surtout il déploya, dès ce premier instant
jusqu'à la fin, soit sous la tente du diplomate, soit
sur le champ de bataille, dans cette lutte à jamais
mémorable?

Ne le jugez pas d'ailleurs, je vous le conseille,
d'après ce que vous pûtes en entendre raconter à
une autre époque; alors, c'était au plus chaud de
cette lutte acharnée, et c'était forcément ainsi que
devaient s'exprimer sur son compte, officiellement
du moins, ceux qui le combattaient à toute outrance.

Mais écoutez bien plutôt ce qu'ils ne craignaient
pas d'en dire à l'envi dans les épanchements de leur
vie intime; demandez-le-leur hardiment aujour-
d'hui; demandez-le, par exemple, au vainqueur
d'Isly, à Changarnier, à La Moricière, au général
Bedeau, au général Cavaignac; demandez-le à tous,
et tous vous répondront avec émotion qu'ils furent
fiers d'avoir à combattre un pareil rival; il était
digne d'eux à son tour.

Consultez encore, et voyez ce qu'il avait fini par
inspirer d'attachement, de gratitude, de confiance,
de dévoûment, à tous ceux qui s'enrôlèrent avec
transport sous son drapeau. Je ne peux pas citer
de faits, je serais trop long; et cependant il m'est
comme impossible de ne pas vous en laisser en
passant quelques témoignages des plus significatifs,

choisis entre mille , à diverses époques et de la part de toutes sortes de personnes.

« Vous ne connaissez pas l'Émir? Oh! que vous » l'aimeriez, si vous pouviez le connaître comme » nous! » Ainsi me parlait, en échangeant des prisonniers à Sidi-Klifa , son illustre et malheureux lieutenant , Mohammed-ben-Allal , mort depuis d'une façon chevaleresque.

Je regardais au haras de Montaganem des Arabes désormais soumis, sur la fidélité desquels nous pouvions compter d'ailleurs, et qui étaient venus demander à en voir les étalons avant de faire saillir leurs belles cavales; ils allaient d'écurie en écurie, de cheval en cheval, jusqu'à ce que, parvenus dans la loge du vieux coursier au noir d'ébène qui avait appartenu naguère à l'Émir et que le colonel Géry lui avait audacieusement enlevé, ils s'agenouillaient devant lui et en embrassaient les genoux , malgré les avertissements sévères de plus d'un genre qu'ils ne manquaient assurément pas de recevoir de la voix et du geste de plus d'un des spectateurs.

Ce même vaillant officier, mort depuis de ses glorieuses fatigues, mais encore alors commandant supérieur de Mascara, m'avait dit, peu de jours auparavant, cette parole que je vous livre textuellement : « Nous sommes obligés de cacher, autant » que nous le pouvons, ces choses à nos hommes; » s'ils les soupçonnaient, jamais ils ne se battraient

» avec autant d'acharnement contre Abd-el-Kader. »
Il faisait allusion à certaines circonstances, émouvantes à plus d'un titre, de sa dernière campagne
contre l'Émir, et que je me fais violence pour ne
pas vous raconter moi-même.

Ah! ses khalifas ne lui auraient pas tous été aussi
fidèles jusqu'à la fin, s'il eût un instant cessé de les
dominer à ce point par ce merveilleux mélange de
tant d'admirables qualités.

Et, ces jours-ci encore, je veux dire il y a deux
mois à peine, quand on offrit à soixante-trois de ses
compagnons de captivité de les rendre à la liberté
sans lui, quelle ne fut pas leur réponse? elle les honore autant que leur malheureux maître et ami :
« Oh! non, non; tant qu'Abd-el-Kader sera captif,
» nul d'entre nous ne séparera son sort du sien! »

Peu auparavant, et pour les y inviter davantage,
pour les y résoudre, on leur avait dit, lors de leur
passage à Bordeaux, que le château d'Amboise ne
pourrait probablement suffire à les recevoir tous;
que, s'ils persistaient à vouloir y partager le sort
de l'Émir, on serait réduit à les entasser dans une
ou deux chambres trop étroites pour les contenir,
et où ils auraient cruellement à souffrir; mais eux :
« Nous aimons mieux souffrir davantage encore, s'il
» le faut; mais le quitter, l'abandonner dans le mal-
» heur, jamais! »

Pardonnez-moi ces détails; étrangers peut-être

jusqu'à un certain point à la question qui nous oc-
cupe; ils se pressaient sous ma plume impatiente;
je n'aurais pu continuer, si je ne vous avais donné
au moins ces touchants échantillons : que sera-ce
donc quand vous l'entendrez bientôt célébrer par
ses propres prisonniers!

Comment résister, d'ailleurs, à l'entraînement
que devait exciter un homme capable de ce dernier trait : « Un nègre, détaché par d'autres enne-
» mis que les Français, avait pu, en dépit de la
» surveillance exercée autour de la Smala, parve-
» nir jusqu'à la tente où Abd-el-Kader tenait con-
» seil; mais, une fois face à face avec l'Émir, le
» traître, saisi de remords, brise son poignard.

— » J'allais te frapper, s'écrie-t-il, mais ton seul
» aspect m'a désarmé, et mon bras tout à coup est
» resté sans force.

» L'Émir cacha son émotion, se leva du tapis du
» conseil, et, touchant le nègre au front, lui dit .
» Tu es entré ici meurtrier, Allah veut que tu en
» sortes honnête homme; rappelle-toi seulement
» que le serviteur de Dieu t'a pardonné [1]. »

Mais pourquoi le gouvernement français a-t-il
attaché tant de prix jusqu'ici à cette même longue
et douloureuse captivité d'Abd-el-Kader? pourquoi

---

[1] J'avoue ne tenir ce fait particulier que d'un journal, mais ce
journal est sérieux.

hésite-t-il encore peut-être, malgré la foi promise
en son nom au mois de décembre 1847, à lui rendre une rigoureuse et trop tardive justice (vers la
fin de ces quelques pages vous apprécierez ces expressions)? qui peut donc le retenir davantage, lui
qui représente pourtant si évidemment en ce moment la nation la plus généreuse et la plus chevaleresque du monde, et dont le noble chef connaît
le prix de la captivité?

Sinon précisément parce qu'il est encore, et
comme en dépit de tant d'évènements divers, sous
l'impression de ces mêmes souvenirs et de cet héroïque caractère; sinon parce qu'il redoute même
jusqu'à la plus lointaine action de cette magique influence?

De bonne foi, pourtant, quel est donc déjà devant l'histoire ce captif fameux, objet de tant de
frayeur ou d'inquiétude de la part des uns, et de
tant d'amour de la part des autres?

Dans l'antiquité, c'eût été un héros dont les ora-
teurs et les poètes se seraient disputé l'éloge aux
jeux olympiques; mais il en mérite, il en portera
un jour, dans la postérité la plus reculée, le nom
magnifique.

Et qui en serait plus digne, en vérité, que l'ar-
dent et infatigable athlète de sa foi, de sa patrie?
Pour qui donc combattait-il, durant ces dix-huit
années, avec tant d'acharnement et de bravoure?

« Ah! me disait-il l'autre jour avec émotion,
» dans les dernières années, depuis trois ans sur-
» tout, ce n'était plus dans l'espoir de vaincre que
» je m'obstinais à combattre; je n'ignorais certes
» pas l'issue plus ou moins tardive d'une lutte dé-
» sespérée; mais je défendais une trop noble cause,
» mon foyer, mon pays, ma foi : j'avais juré de les
» défendre jusqu'à ce qu'aucune force humaine n'y
» pût plus suffire, et il me semblait toujours que
» je n'avais pas encore assez fait. »

Aussi, loin d'altérer en rien ses éminentes qualités naturelles ou la noblesse de son caractère, ce
long drame sanglant, ces incroyables efforts, ne
firent, au contraire, que les développer et l'élever
encore davantage.

De tristes, de lugubres épisodes marquèrent sans
doute trop souvent les différentes phases de la lutte
de la part des sauvages auxiliaires d'Abd-el-Kader;
mais j'oserais bien affirmer que, personnellement,
il y demeura constamment étranger; j'espère même
vous en convaincre avant longtemps. D'ailleurs,
n'eûmes-nous point, aussi souvent peut-être, à
gémir de notre côté sur de pareilles horreurs, plus
déplorables encore, sous certains rapports, que ces
atroces représailles? Ce serait un parallèle facile à
établir, suivant quelques-uns; ma plume s'y refuse.

J'aime mieux, en finissant, vous prier de m'accompagner au château d'Amboise, dans sa grosse

tour du Nord, et vous y faire contempler, admirer encore une fois la résignation profonde, la patience, la piété calme et sereine du noble vaincu.

Oh! ne croyez pas que son caractère soit aigri, qu'il ne se nourrisse que de cruelles espérances; ne croyez pas que cette réclusion l'humilie!

Il souffre, il est vrai, et beaucoup, mais bien plus encore des souffrances des siens que de ses propres douleurs; il pleure sur ceux de ses compagnons de captivité qu'il a déjà perdus, sur deux de ses enfants, sur son neveu, gracieux enfant de la plus brillante espérance; il craint pour ceux qui lui restent et qui s'étiolent dans cette étroite enceinte, sous ce ciel étranger; il craint surtout pour sa mère, sa belle-mère, sa nourrice, à cause de leur âge, de leurs infirmités, de leur perpétuelle séquestration [1].

Il souffre, mais il ne rêve plus d'autre avenir que celui auquel il avait paru destiné dès sa jeunesse; parfois même on dirait que son âme ardente s'exalte à la pensée d'une nouvelle illumination; mais elle sent, et elle n'est pas la seule, que, pour s'y abandonner, il lui faudrait enfin la liberté qu'il réclame.

Et cependant, sous bien des rapports, cette même captivité lui aura été singulièrement profitable; et

---

[1] Aucune des femmes n'a encore osé sortir de ses appartements; Abd-el-Kader lui-même n'a quitté sa chambre qu'un instant, et une seule fois, pour courir à ma rencontre, lors de mon arrivée.

ses résultats définitifs devraient rassurer même les
plus soupçonneux, même les plus inquiets des favorables rumeurs qui circulent à son sujet depuis
le vote du 10 décembre.

Sans elle, c'est-à-dire s'il eût cinglé directement
de la baie de D'Jemma-Ghazaouat vers celle d'A-
lexandrie, il n'eût pas vu la France, Toulon et ses
vaisseaux, Marseille et les merveilles de son com-
merce, la Provence, le Languedoc, Toulouse, le
doux pays d'Henri IV, Bordeaux, ses belles cam-
pagnes, son magnifique fleuve, Nantes, le cours
enchanté de la Loire, le jardin de la France et nos
puissantes machines, nos chemins de fer et de feu ;
il n'eût jamais pu se faire une idée aussi exacte,
aussi complète de nos forces, de notre richesse,
de notre puissance, de notre civilisation enfin et de
ses innombrables prodiges.

En descendant la Gironde, et à la vue de ses rives
fécondes, des milliers de villages et de châteaux
dont elles s'enorgueillissent, des pittoresques co-
teaux qui les encadrent, il s'écriait naguère : « C'est
» l'image de la vie, en vérité ; tandis que nos soli-
» tudes et nos déserts sont celle de la mort. »

Même sous le rapport religieux, l'influence de ces
jours mêlés d'ailleurs de tant d'amertume n'a pas
été moindre. Il a pu, en effet, lire nos livres sacrés
et les étudier ; il a pu nouer l'amitié la plus intime
avec un évêque catholique ; il en a vu d'autres non

moins empressés à sympathiser avec lui, et dont les vertus le devaient bien davantage frapper; il a reçu les affectueux hommages d'une foule de pieux et doctes ecclésiastiques; il a pu apprécier, et tous les siens avec lui, nos célestes sœurs de charité; il a entendu nos cloches appeler nuit et jour à la prière ceux qu'il ne croyait pas même auparavant les adorateurs de Dieu; de sa belle galerie, *en se promenant des yeux*, comme il le dit agréablement, il aperçoit une foule de clochers et d'édifices religieux.

Ah! croyez-le bien, tout ceci n'est pas perdu, et l'influence ne tardera pas à s'en faire heureusement sentir ailleurs qu'autour d'Abd-el-Kader.

A peine sur le sol de la France, à Toulon, il demandait au colonel Daumas de lui avouer avec franchise si les Français croyaient réellement en un seul Dieu et aux éternelles peines de l'enfer. Quelle différence depuis! Jugez-en par ces derniers traits:

« Plus j'étudie la religion juive, plus elle me
» semble rude et parfois terrible, me disait-il la
» veille de mon retour et à l'occasion de ses lec-
» tures de la Bible; tandis que la religion de Jésus-
» Christ me paraît être de plus en plus la douceur,
» l'indulgence, la bonté même de Dieu. »

CHAPITRE TROISIÈME.

Les prisonniers d'Abd-el-Kader.

J'ai souvent, dans ces derniers temps surtout, entendu dire de bonne foi que, si certaines qualités éminentes qu'il était impossible, en effet, de ne pas reconnaître dans l'Émir, le rendaient digne de quelque int... et dans sa captivité, il était pourtant bien fâcheux pour lui de n'être traité, après tout, que comme il l'avait mérité naguère à cause de sa conduite barbare envers la plupart de ceux que le sort des armes, ou les excursions de ses farouches auxiliaires, avaient fait tomber entre ses mains.

Certes, si quelqu'un, redirai-je encore, si quelqu'un put apprécier à cette même époque, selon sa valeur vraie, cette conduite d'Abd-el-Kader envers ses prisonniers, ce fut bien l'ancien évêque d'Alger; tous savent, au surplus, suffisamment à quel titre.

Eh bien! je ne balance pas à dire que ce qui devrait peut-être, au contraire, le plus intéresser au sort de l'illustre captif, ce serait précisément la ma-

nière si remarquable dont il traita constamment ses
propres captifs, et son empressement à les rendre à
la liberté toutes les fois qu'il en put trouver l'occasion; de telle sorte, en vérité, que, si la question
de son élargissement était soumise aujourd'hui à de
populaires suffrages, nul parmi ceux d'entre eux
qui survivent n'hésiterait à se joindre à moi pour le
réclamer au plus tôt, au nom d'une reconnaissance
profondément sentie.

Je n'ignore point assurément tout ce qui a pu être
dit et colporté à cet égard durant l'effervescence
d'une lutte aussi passionnée de part et d'autre, ni
ce qui en a pu être raconté plus ou moins exactement sous divers titres, dans une foule de publications plus romanesques, pour la plupart, que dignes d'une sérieuse confiance; mais ici je ne pré-
tends m'en rapporter qu'à mes renseignements per-
sonnels, à ce que j'ai pu voir ou entendre par moi
même depuis dix ans, en Algérie surtout.

Je m'honore, pourquoi ne l'avouerais-je pas volontiers? je m'honore de mes rapports avec cet
homme extraordinaire, de son affection et des témoignages qu'il ne cesse de m'en prodiguer en toute
occasion: il y a longtemps déjà que, de mon côté,
je lui avais voué des sentiments correspondants,
tout en partageant, comme je le devais d'ailleurs,
de patriotiques vœux exaucés enfin par sa soumission le 22 décembre dernier... Or, c'est principa-

lement à ce que je savais, dès longtemps aussi,
sur ce même palpitant sujet, que vous pouvez l'attribuer.

Mais, sans plus de retard, j'arrive à quelques
détails, choisis au hasard parmi une multitude d'autres, et dont le langage sera plus expressif mille
fois que tout ce que je pourrais essayer de vous
en dire.

C'était, par exemple, dans les commencements,
un usage aussi barbare que commun, chez ces sauvages combattants, de ne faire de quartier à qui que
ce fût de leurs ennemis, de se glorifier, au retour de
leurs courses homicides, du plus ou moins grand
nombre de têtes coupées qu'ils rapportaient sus-
pendues à la selle de leurs coursiers haletants; et,
pour le grossir encore non moins que pour satis-
faire leurs féroces instincts, de massacrer tous ceux
qui avaient le malheur de se trouver sur leur passage et de tomber entre leurs mains... Les chefs,
à leur tour, avaient coutume de payer chèrement
chacun de ces sanglants trophées.

Or, qui, le premier, osa bien s'élever contre l'a-
troce usage? Qui défendit, avec toute la sévérité
que lui pouvaient permettre les circonstances, d'a-
jouter aux têtes des infortunés qui avaient succombé
les armes à la main celles des prisonniers vivants,
blessés ou non, dans le désordre de la razzia? Qui,
enfin, au lieu de la somme convenue d'abord pour

chacune de ces funèbres dépouilles, alla jusqu'à la tripler et davantage en faveur de ces derniers qu'on lui amènerait sains et saufs, ou du moins sans de nouvelles mutilations? Qui, encore une fois, sinon Abd-el-Kader lui-même (1)?

« Cette mesure, dit un témoin oculaire, fut pres-
» que l'occasion d'un soulèvement général dans
» l'armée. Un mot de l'Émir à cet égard, mot de-
» venu un règlement sans appel, mérite d'être cité :

» Un de ses soldats lui ayant demandé ce qu'il
» donnerait pour chaque prisonnier fait sur l'enne-
» mi, il répondit :

» — Huit douros.

» — Et pour chaque tête coupée? demanda in-
» solemment le soldat.

» — Vingt-cinq coups de bâton sous la plante
» des pieds, reprit tranquillement l'Émir. » (Relation citée à la fin du premier chapitre.)

Un instant donc après avoir généreusement donné son cheval au capitaine de Cotte, le trompette Es-coffier allait être mis en pièces par les cavaliers du khalifa, transportés de fureur d'avoir vu s'échapper ainsi leur plus belle proie, quand un cri se fait en-tendre tout à coup du milieu de leurs rangs en dé-sordre : « Ne le tuez pas! ne le tuez pas! Conduisez-le plutôt au Sultan, vous savez bien qu'il vous en donnera un bon prix, cinquante douros. »

Ah! sans doute, ces infortunés devaient parfois

étrangement souffrir à la suite de leurs brutaux et grossiers vainqueurs, davantage encore peut-être au milieu des tentes de certaines tribus exaspérées par ce qu'elles avaient pu avoir elles-mêmes à supporter dans cette affreuse guerre.

Ainsi, souvent ils n'avaient pour nourriture qu'un peu d'orge concassé, avec, et même parfois, sans quelques gouttes d'une huile épaisse et fétide.

Ainsi, sans doute encore plus d'une fois, dépouillés de leurs vêtements, à peine couverts de misérables haillons, ils vous eussent inspiré la plus juste comme la plus profonde compassion, vous n'eussiez pu retenir vos larmes à cette vue.

Mais n'oubliez cependant point, en même temps, que cette dégoûtante et insuffisante nourriture était souvent aussi l'unique pitance des réguliers de l'Émir, accoutumés dès leur enfance à une proverbiale sobriété; n'oubliez pas qu'Abd-el-Kader n'en avait souvent pas davantage, et que ses fanatiques Arabes eussent murmuré contre lui à juste titre, s'il eût mieux, ou moins mal, traité des prisonniers ennemis qu'eux-mêmes, leurs femmes et leurs enfants.

Un jour, sa troupe entière en était réduite à une extrémité plus dure encore; quelques glands doux, une demi-ration à peine et tout au plus de ce grain à demi-vanné, c'était tout ce qu'il avait pu leur procurer dans ce moment critique. Cependant, quelques-uns de ces cavaliers affamés rencontrent au

milieu des broussailles de la halte un mouton égaré:
se jeter sur cette chétive proie, la tuer, la préparer
à leur façon, la lui apporter comme en triomphe,
c'est l'affaire de quelques instants, ils sont si heureux de le lui pouvoir offrir!

Mais, lui, demande tristement s'il n'y en a pas
d'autres pour ses soldats épuisés et mourants de
faim; et, sur leur réponse trop facile à deviner, il
le fait jeter au loin..... Tel Alexandre renversant
son casque rempli d'eau, ou bien David et la coupe
de la citerne de Bethléem.

N'oubliez pas non plus qu'autant qu'il le pouvait
il les faisait vêtir de nouveau, et que, de temps en
temps, il faisait distribuer à chacun d'eux, aux
principaux du moins pour qui ces épreuves devaient être deux fois insupportables, cinq, dix et
jusqu'à vingt douros, afin qu'ils pussent, grâce à
cette délicate assistance, améliorer, je veux dire
rendre leur sort moins difficile à supporter; ouvertement (il n'est pas nécessaire de le faire remarquer), il eût par trop offensé les siens bien
moins partagés que ceux-ci.

Escoffier avait été, à son tour, dépouillé de ses
habits de chasseur; sous la tente, même durant les
travaux pénibles que lui imposaient ceux à la garde
desquels il avait été remis, il lui restait à peine de
quoi se couvrir, de quoi dissimuler la honte de sa
nudité. l'Émir, cependant, non-seulement ne le

savait point, mais était assurément bien éloigné de
le soupçonner. Aussi, toutes les fois qu'il devait
comparaître devant Abd-el-Kader, par exemple
quand il reçut la décoration de la Légion d'honneur
de ses mains guerrières, on ne manquait pas de
jeter sur ses épaules un burnous en bon état, pas
plus que le Sultan ne faisait faute de lui demander
s'il était bien traité, s'il ne manquait de rien, si ses
gardiens prenaient soin de lui selon ses ordres.

Mais, ce que l'Émir faisait ainsi personnellement
en toute occasion, plus d'une fois ses khalifas, Sid
Mohammed Ben-Allal en particulier, le faisaient volontiers à son exemple, sa miséricordieuse mère
plus que tous; et ce n'était guère, dans le fond,
que de la part de quelques fanatiques, ou bien de
la part de ceux qui pleuraient encore sur leurs parents, sur leurs amis qu'ils avaient perdus, ou dont
les troupeaux avaient été enlevés, les gourbis sac-
cagées, les moissons fourragées en vert ou incen-
diées la veille de la récolte, et les arbres fruitiers
mutilés, que les pauvres prisonniers avaient à redouter les scènes déplorables auxquelles je faisais
allusion au commencement de cet émouvant chapitre.

Le 21 mai 1844, quand deux cents de ces prisonniers, à peine délivrés un instant auparavant,
se vinrent jeter à mes pieds à Sidi-Klifa, je remar-
quai avec attendrissement que, par ordre d'Abd-

el-Kader, tous avaient été convenablement habil-
lés; j'aurais eu honte, si je ne l'avais pas pressenti,
de ne pas lui remettre, au nom de la France, les
siens en moins bon état; car, hélas! dans la sale et
étroite prison d'Alger, plus d'un d'entre eux vous
eût fait, la veille encore, une impression de douleur et de dégoût non moins profonde.

Vous rappelez-vous, à cette occasion, de quelle
façon il accueillait ceux des nouveaux captifs qui,
par une frayeur exagérée, étaient d'abord violemment tentés d'abjurer leur foi pour implorer Mohammed, et les étonnants conseils qu'il leur donnait?

Aussi, demandez, comme je me plus souvent à
le faire dans ces jours d'attendrissante mémoire;
demandez indistinctement à tous ceux qui l'appro-
chèrent jamais parmi ses anciens prisonniers; demandez, si vous le voulez plus particulièrement encore, à certains hommes distingués qui longtemps
partagèrent leur captivité, au commandant de Mi-
randol, par exemple, au capitaine Morisot, à l'in-
tendant Massot; demandez-leur quel souvenir ils
ont gardé, sous ce rapport, de cette douloureuse
époque, de leurs relations personnelles avec l'Émir,
et vous aurez peine à revenir vous-même de votre
étonnement et de votre admiration en les enten-
dant.

Il y a trois semaines environ que je lisais au château d'Amboise des lettres singulièrement touchan-

tes, écrites par l'un d'eux à ce sujet, pendant le séjour d'Abd-el-Kader à Pau.

Ceux d'entre eux qui ont pu le venir visiter déjà l'ont fait avec un empressement et une cordialité qui ne les honorent pas moins que lui, en vérité.

Tous se seraient faits, et, au besoin, se feraient ses cautions avec enthousiasme.

Mais, savez-vous, à propos de cet échange célèbre auquel j'empruntais tout à l'heure un détail intéressant, à qui principalement il fut dû? Permettez-moi de vous le raconter en quelques lignes.

Ce même M. Massot venait d'être fait prisonnier aux portes de Douéra, dans le Sahel d'Alger, et déjà, comme par une céleste inspiration, sa jeune femme éplorée, sa petite fille entre les bras, ses nombreux amis, conjuraient l'évêque de tenter auprès de l'Émir une démarche sans exemple encore dans cette triste guerre.

Donc celui-ci, sans plus tarder en effet, le soir même, et par un effroyable orage, écrit au fier disciple du Prophète :

« Tu ne me connais pas, mais je fais profession
» de servir Dieu, et d'aimer en lui tous les hom-
» mes ses enfants et mes frères.

» Si je pouvais monter à cheval sur-le-champ, je
» ne craindrais ni l'épaisseur des ténèbres, ni les
» mugissements de la tempête, je partirais, j'irais
» me présenter à la porte de ta tente, et je te dirais,

» d'une voix à laquelle, si on ne me trompe pas sur
» ton compte, tu ne saurais pas résister : Donne-
» moi, rends-moi celui de mes frères qui vient de
» tomber entre tes mains guerrières... Mais je ne
» peux point partir moi-même.

» Cependant, laisse-moi dépêcher vers toi l'un
» de mes serviteurs, et suppléer par cette lettre,
» écrite à la hâte, à ma parole que le ciel eût bénie,
» car je l'implore du fond de mon cœur.

» Je n'ai ni or, ni argent, et ne peux t'offrir en
» retour que les prières d'une âme sincère et la re-
» connaissance la plus profondément sentie de la
» famille au nom de laquelle je t'écris.

» Bienheureux les miséricordieux, car, un jour,
» il leur sera fait miséricorde à eux-mêmes! »

Sa réponse ne se fit pas attendre; la voici :

» J'ai reçu ta lettre, je l'ai comprise, elle ne m'a
» pas surpris d'après ce que j'avais entendu racon-
» ter de ton caractère sacré... Pourtant, permets-
» moi de te faire remarquer qu'au double titre que
» tu prends de serviteur de Dieu et d'ami des hom-
» mes tes frères, tu aurais dû me demander non la
» liberté d'un seul, mais bien plutôt celle de tous
» les chrétiens qui ont été faits prisonniers depuis
» la reprise des hostilités.

» Bien plus, est-ce que tu ne serais pas deux
» fois digne de la mission dont tu me parles, si, ne
» te contentant pas de procurer un pareil bienfait à

» deux ou trois cents chrétiens, tu tentais encore
» d'en étendre la faveur à un nombre correspondant
» de musulmans qui languissent dans vos prisons?

» Il est écrit : Faites aux autres ce que vous vou-
» driez qu'on vous fît à vous-même. »

Et ainsi fut fait réellement quelques mois plus
tard, grâces, après cette miséricordieuse provoca-
tion d'Abd-el-Kader, aux sympathies, aux encoura-
gements du général Bugeaud, sans lequel évidemment l'évêque n'eût pu que former des vœux.

Cependant, et comme, à cause de certains retards
involontaires de part et d'autre, la santé des prisonniers français cantonnés dans la brûlante vallée du
Chéliff paraissait en péril si leur séjour s'y prolon-
geait encore, de nouvelles instances étaient adres-
sées, au nom de l'Émir, à celui qui n'était pas assurément moins impatient de cet émouvant succès.

Et, le lendemain de ce jour fortuné, devineriez-
vous quel présent ce dernier recevait d'Abd-el-
Kader? Oh! non, sans doute; c'est comme impossible, et pourtant qu'il peint bien l'homme! Mais
quelques détails deviennent ici nécessaires; vous
en excuserez la longueur.

Peu auparavant, en effet, l'évêque, voyant avec
quelle difficulté on pouvait à peine suffire à loger,
entassés pêle-mêle dans une trop étroite enceinte,
une multitude de pauvres femmes arabes prisonnières et de petits enfants, avait cru devoir offrir

une de ses églises dans ce miséricordieux dessein.

Son offre avait été volontiers acceptée, et désormais c'était sur la doublure des tapis de la cathédrale, étendue sur le pavé de Sainte-Croix-de-la-Casbah, que gisaient moins inconsolables ces malheureuses mères dont le sein tari par la misère et la douleur ne suffisait plus à la subsistance de leurs nourrissons.

Heureusement, l'asile des orphelins de Saint-Cyprien n'en était pas fort éloigné; là bondissaient, sur la colline voisine du fort de l'Empereur, quelques chèvres de Malte achetées à grand prix, mais dont les mamelles semblaient inépuisables; cette fois, vous devinez le reste.

Or, de retour au douar, ces pauvres rachetées n'avaient pas tardé à tout raconter; et c'était pour cela, « en mémoire de la douce rencontre de Sidi-
» Klifa, suivant les expressions du lieutenant de
» l'Émir, et pour m'aider à nourrir les petits or-
» phelins chrétiens que je pourrais adopter », que m'était envoyé, à travers les camps ennemis, ce magnifique troupeau de chèvres suivies chacune de leur chevreau, dont vous retrouveriez encore aujourd'hui la race à Ben-ak-Noun [1].

Quelques-uns de nos guerriers me demandaient le lendemain quel souvenir de notre négociation

[1] Maison des Orphelins.

Abd-el-Kader m'avait laissé en retour du présent
d'usage ' que j'avais dû lui offrir moi-même; ils
supposaient que c'étaient peut-être d'ardents coursiers, de moelleux tapis... A ma réponse, de gros-
ses larmes tombèrent de leurs yeux; j'y mêle encore les miennes en relisant la lettre du khalifa :

« Nous avons reçu tes lettres; nous en avons
» compris le contenu. Nous avons reconnu avec
» bonheur ton amitié et ta vérité. Les quatre pri-
» sonniers qui les apportaient sont heureusement
» arrivés. Il nous reste à te prier de t'occuper du
» soin de ceux qui sont à Alger ou ailleurs, et très-
» particulièrement de Mohammet-ben-Moctar.

» Les parents, les amis de ces pauvres prison-
» niers étaient venus avec nous le jour où nous nous
» sommes si doucement rencontrés. Quand ils ont
» vu que ceux qu'ils aiment n'y étaient pas, ils se
» sont mis à pleurer; mais, quand ils ont su ce que
» tu nous avais promis, quand ils ont vu ton écri-
» ture, ils se sont réjouis : l'amertume de leur dou-
» leur s'est changée en joie, persuadés qu'ils les
» reverront bientôt, puisque tu l'as dit.

» Nous t'écrivons ceci, parce que, tous les jours,
» ils viennent pleurer à la porte de notre tente;
» pour nous, nous te connaissons, et nous savons
» bien qu'il n'est pas nécessaire que nous te fassions

' C'était une pendule et deux candélabres.

» de nouvelles recommandations; nous savons qui
» tu es, et que ta parole d'évêque est sacrée. Nous
» t'envoyons la femme, la petite fille et les prison-
» niers chrétiens restés en arrière à Tekedempt ou
» chez Milou-ben-Arrach. Quant au capitaine, au
» Reïs et aux autres prisonniers chrétiens qui sont
» avec lui, sois sans inquiétude sur eux; ils sont en
» toute sûreté, sous la garde de Dieu. Sans la sortie
» du général et du fils du Roi, ils seraient déjà mon-
» tés vers toi avec les autres. La guerre seule nous
» empêche encore de te les envoyer; mais bientôt
» tu les auras tous.

» Je t'adresse, en attendant, le sauf-conduit dont
» tes amis pourraient avoir besoin. Ils feront bien
» d'aller d'abord chez le kaïd des Hadjoutes : les
» chemins ne sont pas sûrs.

» Je t'envoie un troupeau de chèvres avec leurs
» petits, qui tètent encore leurs mamelles pendan-
» tes; avec elles, tu pourra nourrir les petits en-
» fants que tu as adoptés, et qui n'ont plus de mères.
» Daigne excuser ce présent, car il est bien petit[1].
» Adieu. »

Hélas! cette cruelle guerre n'en poursuivit pas
moins son cours homicide; et, avant de longs jours,
de nouveaux captifs remplaçaient déjà, dans de

---

[1] Le jour même de l'échange, le khalifa m'avait dit, en rece-
vant le mien : « Les présents les plus agréables pour moi, en ce
» moment, ce sont ton visage et ton cœur. »

lointaines solitudes, ceux dont vous venez d'admirer la douce rançon.

Un nouvel échange, d'autres encore, n'eussent
pas été plus impossibles ; je ne sais quelles préoccupations fâcheuses n'y laissèrent plus consentir :
Abd-el-Kader le désirait pourtant, non moins vivement que le premier.

Longtemps il espéra que ses propositions à ce
sujet ne seraient pas incomprises; aussi, et en attendant une heureuse issue, qui ne se devait pas
réaliser, il n'avait pas craint de proposer à l'évêque, dont le cœur battait en ceci à l'unisson du
sien, de lui députer quelqu'un de ses prêtrès, d'une
confiance intime. « Il ne manquerait de rien auprès
» de moi, lui écrivait-il; j'aurais soin qu'il fût ho--
» noré, respecté de tous parmi nous, comme il
» conviendrait à son double caractère d'homme
» consacré à Dieu et de votre représentant; il prie-
» rait, chaque jour, avec les prisonniers, il les con-
» solerait, il pourrait correspondre avec leurs fa-
» milles, et, par ce moyen, leur procurer de l'ar-
» gent, des vêtements, des livres, en un mot, tout
» ce qu'ils pourraient désirer qui adoucît pour eux
» les rigueurs de leur captivité; seulement, en ar--
» rivant, et une fois pour toutes, il promettrait de
» ne jamais révéler, dans ses lettres, ni mes campe-
» ments, ni le reste de mes opérations de guerre. »

Si ce projet ne réussit point, il est juste de dire

que ce ne fut la faute ni de l'Émir, qui l'avait conçu, ni de celui à qui son noble cœur l'avait proposé.

Au surplus, deux ans après, ou environ, il poussa la générosité jusqu'à renvoyer, sans conditions aucunes, et uniquement parce qu'il n'avait plus de quoi les nourrir, tous ceux qui, à cette époque, gémissaient captifs auprès de sa tente. Le nombre, si ma mémoire ne trahit pas mon cœur, en était de quatre-vingt-treize ; il les fit reconduire aux avant-postes, où ils arrivèrent, en effet, épuisés de lassitude et de faim.

Que diriez-vous donc de ce soldat français, mortellement atteint, après avoir blessé trois fois l'Émir surpris, dans le temps, par le colonel Géry, et qu'Abd-el-Kader fit transporter dans sa tente avec toute sorte de soins ? Il y reçut les secours les plus empressés, les plus assidus, et n'en sortit plus.... Ah ! s'il n'eût succombé, au bout de quelques jours, à sa blessure ; s'il vivait encore, que vous aimeriez, sans doute, avec moi, à l'entendre nous raconter cette héroïque, j'allais dire cette chrétienne façon de se venger !

Mais je ne peux tout dire ; il est temps que je termine ces citations faciles à diversifier à l'infini ; elles suffiront, j'ose l'espérer, à vous faire apprécier, en effet, la conduite d'Abd-el-Kader à l'égard de ses propres prisonniers.

Permettez-moi seulement d'y joindre un des plus

curieux récits du capitaine Morisot au retour de sa
captivité, c'est le commencement de sa dramatique
histoire : « J'étais sorti de Koléah, à la tête d'un
» détachement de trois cents hommes environ, in-
» fanterie et cavalerie, et j'arrivais au bois du Mas-
» safran. Tout à coup une multitude d'Arabes, em-
» busqués dans ces sauvages défilés, nous entoure,
» se précipite sur nous en poussant, selon leur ha-
» bitude, des cris effroyables.

» Blessé presque aussitôt assez grièvement au
» bras, j'essaie de gravir un mamelon, du haut
» duquel je pourrais rallier mes soldats rompus et
» en désordre; mais avant d'y parvenir, un second
» coup de feu atteint mon cheval, il se cabre, se
» renverse sur moi : je roule évanoui.

» Quelques heures après, je me réveillais au
» camp de Sid Mohammed Ben-Allal. J'avais peine
» à me rendre compte de ce qui m'était arrivé :
» j'avais encore mes épaulettes, ma croix d'hon-
» neur; on ne m'avait rien pris; j'étais à l'abri
» d'une tente, sur une espèce de matelas, entre
» deux burnous disposés en guise de draps, un
» tapis à côté, avec une gargoulette pleine d'eau,
» des citrons et du sucre.

» Je demandai le khalifa; il vint aussitôt, et
» s'empressa de me consoler de son mieux. Je sus
» alors qu'à la fin de l'action, deux réguliers vi-
» goureux m'avaient emporté dans leurs bras, et

» qu'avec autant de ménagements qu'on avait pu
» en employer, on avait réussi à me transporter
» ainsi jusqu'au camp.

» Ne craignez point, ajouta-t-il avec bonté, il
» ne vous sera fait ici aucun mal. Votre cheval n'est
» pas mort non plus; on en prendra soin, et il vous
» sera rendu. Aussitôt que vous serez en état de
» vous tenir sur une mule, vous choisirez celle de
» toutes les nôtres dont l'allure vous paraîtra la
» moins fatigante ; et, à petites journées, vous vous
» acheminerez vers l'intérieur, où nous sommes
» bien obligés de vous conduire, pour obéir aux
» ordres du Sultan ; vous y serez d'ailleurs moins
» mal qu'ici.

» Et, dans le vrai, au bout de quelques jours,
» je partis, doucement voituré par une de leurs
» mules. Tous les matins, à cinq heures, je me met-
» tais en marche ; je faisais halte vers neuf heures ;
» à l'endroit où je devais m'arrêter, j'étais sûr de
» trouver une tente préparée d'avance pour me re-
» cevoir, et le plat que j'avais demandé pour mon
» repas.

» Vers trois heures, je repartais ; au coucher du
» soleil, je campais sous une nouvelle tente ; j'étais
» assuré que mon second repas répondait, aussi
» bien que le premier, à ma désignation et à mon
» choix.

» C'est ainsi qu'à lentes journées, je m'acheminai

» vers le lieu assigné pour ma résidence; j'y reçus
» un accueil non moins surprenant de la part d'un
» ennemi généreux et trop peu connu, etc. »

Ceci était écrit quand il m'est tombé sous la main,
à l'occasion de la petite fille et de la femme prisonnières, dont le Bey de Milianah m'avait parlé dans
sa lettre, un fragment de relation intéressante que
je ne résiste pas au plaisir d'ajouter à ce trop long
chapitre : « Quant aux prisonnières, dit ce témoin
» oculaire, elles habitent une tente particulière,
» tout auprès de celle de la mère de l'Émir. Deux
» nègres esclaves, appartenant exclusivement à
» cette femme vénérée, veillent à l'entrée, et per-
» sonne n'y peut pénétrer sans son ordre.

» Chaque matin, les prisonnières se rendent au-
» près de la mère du Sultan pour recevoir une ra-
» tion de galette, d'huile, de beurre et de viande,
» destinée à leurs repas, qu'elles-mêmes doivent
» préparer.

» Sa bonté touchante pour les prisonnières la fait
» regarder par elles comme leur mère. C'est une
» chose vraiment admirable, que l'attention et la
» prévoyance dont elle les entoure. Lorsqu'une de
» ces malheureuses est malade, la veuve de Mahi-
» Eddin leur envoie aussitôt du sucre, du thé, du
» café, et tout ce qui peut leur être utile et salu-
» taire.

» Les prisonnières, à leur tour, témoignent, au-

» tant qu'elles le peuvent, leur reconnaissance pour
» tant de bienfaits, par ces petits services qu'une
» femme seule peut rendre. La plupart mettent à la
» disposition de leur bienfaitrice leur talent pour la
» couture.

» Elle accepte presque toujours ; mais ce n'est
» que pour dissimuler un nouveau bienfait sous
» l'apparence d'un salaire ; car elle ne manque ja-
» mais de payer beaucoup plus qu'il ne vaut l'ou-
» vrage qui lui est rapporté. »

Comment, avec ce que vous savez qu'il professe
de vénération et de tendresse pour cette mère,
comment Abd-el-Kader n'eût-il pas été miséricordieux et compatissant envers ses malheureux prisonniers ?

Et, aujourd'hui, la mère et le fils sont prisonniers
à leur tour.... Mais ce serait gâter ces choses émouvantes, que de vouloir les faire sentir. Seulement,
rappelez-vous l'humble destination du profit de ces
quelques pages, et le miséricordieux avis qui les
précède ; grâces, en effet, à leur succès, si elles
en ont, il sera possible de conserver, d'entretenir
plus longtemps au château d'Amboise les deux
sœurs de charité que nous y avons placées.

CHAPITRE QUATRIÈME.

D'un sanglant épisode de la dernière guerre, ou du massacre de trois cents malheureux prisonniers.

—

Mais, dès-lors, comment Abd-el-Kader, devenu tout à coup si différent de lui-même, put-il se résoudre, en 1846, à ordonner le massacre des trois cents prisonniers français dont le sang est retombé sur lui comme une malédiction à la face du monde entier, qui en a frémi d'horreur?

« N'exerça-t-il donc point naguère de cruelles » vengeances contre des Français désarmés et pri- » sonniers comme il l'est maintenant lui-même? Ne » fit-il pas, un jour, massacrer quatre cents de nos » soldats qui, après des prodiges de valeur, avaient » succombé sous le nombre? Et ce massacre ne se » fit pas dans l'enivrement de la lutte, en plein com- » bat, mais après une froide délibération sur le sort » des prisonniers. »

Les lignes qui précèdent ne sont qu'un extrait textuel d'une des publications récentes les plus mo-

dérées que j'aie pu consulter à cet égard ; il est vrai
qu'elle ne date que de quelques mois, et que ces
lignes accusatrices échappaient à un écrivain qui ne
pouvait avoir connu ces choses par lui-même ; elles
n'étaient d'ailleurs que l'expression d'un sentiment
patriotique, excusable en soi, mais non suffisamment
éclairé.

J'avoue que, si, en effet, Abd-el-Kader s'était
rendu coupable d'un crime pareil, surtout en de
semblables circonstances, sa captivité personnelle
ne devrait inspirer que des sentiments bien peu favorables, et je n'oserais pas insister davantage, ni
réclamer plus longtemps pour lui l'intérêt qu'il me
paraissait digne d'inspirer jusqu'à ce jour néfaste.

Mais je m'empresse d'ajouter qu'à mon avis, il
n'y a rien de moins démontré que cette accusation
terrible, beaucoup trop facilement répandue, hélas!
et acceptée.... Bien plus, je crois avoir acquis la
conviction qu'il ne saurait, d'aucune façon, en être
responsable ; et j'ai hâte de vous faire partager,
avec ma conviction à cet égard, ce que me fait par
suite éprouver cette déplorable facilité à le juger
indigne de la commisération et de l'intérêt de la
France.

C'est une question, je le sais, très-délicate et fort
grave ; j'ai donc voulu, j'ai dû l'étudier d'une manière particulière ; et ce n'est que lorsque j'ai pu
reconnaître avec bonheur qu'il en était réellement

tout à fait en dehors, que j'ai consenti à laisser ses mains s'entrelacer avec les miennes, et se reposer, ainsi tendrement unies, sur son cœur et sur le mien. Je m'explique :

Quand cet affreux malheur fut consommé, il y avait longtemps déjà [1] que l'Émir avait quitté sa Déïra et luttait, à cent cinquante lieues environ du théâtre de cette boucherie, d'une façon désormais désespérée, contre les efforts toujours croissants et les succès de nos plus braves généraux.

Par ses ordres, assure-t-on, déjà plusieurs fois ces infortunés [2], dont le nombre, quoique moins considérable que beaucoup ne l'estiment, était devenu pourtant d'un extrême embarras pour ceux qui les gardaient, avaient été offerts, proposés en échange d'une portion de nos propres prisonniers; une rançon correspondante avait été demandée à certains représentants du gouvernement français en Algérie, mais inutilement chaque fois ; car on ne voulait pas, disait on, « traiter, de quelque façon » que ce fût, avec des sujets révoltés [3]. »

---

[1] Je le tiens de sa bouche.

[2] Les deux tiers desquels avaient été pris à Aïn-T'mouchen sans combat; c'étaient des convalescents, pour la plupart, à qui le général Cavaignac avait donné l'ordre de se rendre à ce petit poste.

[3] L'échange de 1841 avait été l'objet de reproches et de critiques non moins amers qu'injustes; on l'avait considéré, à Paris,

Il est des personnes qui croient, au contraire, que, puisque par le traité de la Tafna l'Émir avait été reconnu chef souverain, sous la suzeraineté de la France, d'une partie du territoire autrefois soumis aux Turcs ; puisqu'il lui avait été permis d'avoir auprès de nous, ou de recevoir auprès de lui, des *oukils* (chargés d'affaires), ce n'eût point été précisément traiter avec des sujets rebelles, mais bien plutôt avec des ennemis vaincus, que de négocier avec lui ou les siens; et il ne vous échappe point, d'ailleurs, qu'il n'est pas absolument certain, tant s'en faut, que ce fût lui qui eût primitivement, formellement rompu ce même traité.

Quoi qu'il en soit , sur ces entrefaites, les circonstances devenaient de plus en plus critiques et pressantes; les Kabyles marocains, qui, depuis le commencement ou à peu près, avaient dû nourrir cette troupe aux abois, et, le plus souvent, dans ces derniers temps, la Deïra elle-même, réclamaient impérieusement du khalifa d'Abd-el-Kader, à la garde duquel les prisonniers avaient été confiés, ou le prix convenu de leur nourriture, ou leurs têtes.... A plus forte raison, refusaient-ils de continuer à subvenir à cette dépense, fort étrange, en

ailleurs même, comme une faute grave en politique, et, bien certainement, on n'en eût pas permis un second. J'ai plus que des doutes, moi, à cet égard, et je dois être aussi bien renseigné, pour le moins, que qui ce soit.

effet, pour gens de cette espèce, qui assurément n'eussent pas aussi longtemps attendu eux-mêmes.

Or, ce personnage, fort différent, je le déclare, sous tous les rapports, de celui qu'il représentait en ce moment, ne savait plus que leur répondre ou que faire. La Deïra, décimée par la misère et par la faim, était sur le point de manquer du plus absolu nécessaire... Ah! bien difficilement, en France, on se ferait une exacte idée d'une pareille extrémité. Traquée en outre de tous côtés, presque aussi exposée désormais sur une rive de la Moulouïa que sur l'autre, quand elle était contrainte à en franchir les ondes turbulentes; obligée de changer presque chaque jour de campement, et ne sachant comment rendre moins hostiles les dispositions de ses nouveaux hôtes, il fallait prendre un parti, la situation empirant de jour; mais lequel? que faire?

Renvoyer aux avant-postes français les trois cents malheureux prisonniers, sans rançon, sans condition aucune? Quelque temps auparavant, on en avait bien vu un exemple émouvant; mais ceux-là étaient moins nombreux, et, d'ailleurs, alors c'était Abdel-Kader lui-même.... Ceux-ci, au contraire, n'étaient-ce pas trois cents ennemis de plus dont ils pouvaient redouter la vengeance terrible, et des ennemis qui, après avoir aussi longtemps vécu avec eux, leur deviendraient deux fois plus dangereux sous une foule de rapports qu'il n'est même pas nécessaire d'indiquer ?

Les garder encore ? Mais ils seraient morts de faim ; mais, pour veiller à leur sûreté, à leur garde, il fallait distraire du nombre des combattants valides, qui diminuait chaque jour [1], cinq ou six cents guerriers; vous le comprendrez facilement en considérant quels étaient ces prisonniers, et dans quelle situation tous se trouvaient, si près d'ailleurs de la frontière française ; mais n'auraient-ils pas fini par se révolter, si cette garde eût été moindre qu'auparavant, et par devenir un immense péril de plus pour cette malheureuse agglomération de femmes, d'enfants, de vieillards, de malades, de blessés, qu'on appelait la Deïra ?

Je n'excuse certes pas, je raconte.

Ce fut donc alors que, sans prendre davantage conseil que de ces fanatiques Kabyles et des difficultés de son affreuse position, loin de l'Émir, dont l'autorité morale s'était affaiblie, il faut bien en convenir, d'une façon correspondante à l'affaiblissement de sa fortune, et dont il redoutait peut-être au fond la généreuse et proverbiale clémence, le khalifa Ben.... (dispensez-moi d'achever de tracer

---

[1] Abd-el-Kader, de son côté, ne cessait en effet de réclamer de nouveaux renforts pour l'aider à soutenir sa lutte de plus en plus désespérée.

un nom trop connu, au surplus) se décida.......
Bien plus encore, dispensez-moi de continuer ce
récit.

J'ai entendu raconter je ne sais plus quel tragique
épisode d'une guerre fameuse en Égypte, et même
de trop semblables détails d'une campagne d'Alle-
magne, plus moderne encore, qui pourraient, jusqu'à un certain point toutefois, faire comprendre
cette résolution désespérée.

Quand on aborde avec l'émir Abd-el-Kader ce
délicat sujet, la rougeur lui monte au visage, on
voit que son âme se soulève.... Il en repousse le
simple soupçon avec une noblesse, avec une énergie qui ne laissent pas même de doute à son égard;
puis, quand on le presse davantage, il vous fait comprendre que ce n'est pas à lui qu'il appartient d'en
désigner le malheureux auteur.

Ah! croyez-vous que l'Émir serait personnellement, lui, entouré au château d'Amboise de tant de
soins délicats de la part de ceux qui en ont la haute
surveillance? Croyez-vous qu'il serait, de la part
de tous ses anciens rivaux, qui le connaissent personnellement aussi, l'objet de tant de sympathies,
s'il portait ineffaçable au front cette tache de sang
et de honte?

Certes, qui jamais en Algérie fut plus humain,
plus miséricordieux, non-seulement envers ses soldats, mais même envers les Arabes, que le maré-

chal Bugeaud? J'en atteste l'affection proverbiale,
le dévouement profond, la reconnaissance de tous
ceux qui servirent sous lui ou qu'il combattit en
Afrique... Et pourtant, qui ne sait, en même temps,
à quelles extrémités, plus lamentables encore peut-
être que ce massacre, certains de ses lieutenants se
crurent forcés d'avoir recours [1], jusqu'à trois fois
dans le Dahra, par exemple, ou la veille d'un trop
célèbre désastre dans l'Est, sans parler d'une foule
d'autres tristes détails moins connus qui me font
monter au front, seulement en les indiquant d'une
manière aussi vague, quelque chose de la rougeur
du visage de l'Émir, alors qu'en sa présence on fait
allusion à l'effroyable scène?

Et dans la pensée de qui, cependant, vint-il jamais un instant d'attribuer ces choses au vainqueur
d'Isly, ou de l'en rendre responsable à la face de la
France et de l'histoire? Captif au camp d'Abd-el-
Kader, si, par impossible, le sort des armes eût été
fatal au maréchal Bugeaud, qui oserait dire qu'aucun Arabe les lui eût jamais reprochées personnellement?

Mais alors pourquoi donc vouloir, à tout prix,
faire retomber ce sang versé par d'autres mains

---

[1] Je ne juge pas en politique, répéterai-je, mais je raconte avec
autant de modération et d'impartialité que je le peux ; vous devez
vous en apercevoir.

que les siennes, c'est désormais évident, sur l'illustre captif du château d'Amboise? Pourquoi rendre Abd-el-Kader responsable d'un acte qu'il ne put empêcher, dont toute sa vie dépose qu'il était personnellement incapable; pourquoi le lui reprocher avec colère, avec indignation, au risque d'aggraver son malheureux sort?

Est-ce que, plus tard, ces mêmes Marocains, lassés de supporter la Deïra, de la protéger et de la nourrir, ne le contraignirent point lui-même à les fuir, après les avoir héroïquement combattus, au péril de tomber entre les mains moins ennemies des Français, et, par suite, n'amenèrent pas pour lui la catastrophe du 22 décembre?

Je ne peux m'empêcher d'être profondément ému pourtant, quand, repassant, dans le recueillement de ma solitude, ces souvenirs palpitants, je me rappelle l'admirable dévouement d'un de mes anciens prêtres, le curé de Mascara... Hélas! peut-être, en effet, que, s'il eût pu achever, arriver à temps, ce sang n'eût pas été répandu à flots homicides.

Il s'était résolument embarqué pour l'Espagne[1], pour Gibraltar et pour Tanger; il avait tout bravé,

---

[1] Il avait fallu prendre ces précautions politiques, sagement conseillées par le guerrier dont je rappelais et célébrais tout à l'heure l'humanité, à tant et à de si justes titres.

et, sans les scrupules hors de saison de certain diplomate français auquel il se confia, dans sa simplicité d'apôtre, il eût accompli sa mission, celle de
rejoindre l'Émir, sa Deïra, et de se dévouer sans
réserve au salut de tous ceux vers lesquels il ac-
courait avec transport.

Ce n'est pas non plus sans émotion que je trans-
cris ici textuellement les nobles paroles de M. le
prince de la Moscowa, dans une des plus graves séances de la Chambre des pairs, en janvier
1848; vous les retrouverez probablement bientôt
ailleurs :

« Sans doute, on peut invoquer contre Abd-el-
» Kader, comme vient de le faire en m'interrompant
» M. le général Marbot, l'affreux massacre de nos
» prisonniers. Cependant, sans aucun moyen, j'en
» conviendrai, pour le savoir, je pourrais répondre
» que, suivant les khalifas eux-mêmes d'Abd-el-
» Kader, ce n'est pas à l'Émir qu'il faut imputer ce
» fait odieux; et si je dois déclarer ici toute ma pen-
» sée, j'ajouterai que tout ce que nous savons jus-
» qu'ici du caractère d'Abd-el-Kader autorise cette
» supposition. Ce serait donc à son insu, et sans sa
» participation, que ce déplorable massacre aurait
» eu lieu. D'un autre côté, je ne veux pas invoquer
» de tristes souvenirs; mais enfin ne sommes-nous
» pas autorisés à craindre que les Arabes, en com-
» mettant ce crime, n'aient cru exercer des repré-

» *sailles? Je n'insisterai pas davantage.* » (Extrait
du Moniteur).

Tous ces nobles enfants de la France ne furent
pourtant pas sacrifiés; quelques-uns, les officiers
entre autres, trouvèrent grâce dans cet affreux moment, et durent sans doute d'être épargnés à l'espoir d'une tardive et désormais irrefusable rançon.
Cet espoir ne fut point déçu, en effet, et le prix,
que l'Émir ignora, dit-on, servit à désintéresser,
du moins en partie, les Kabyles de ce que leur
avait coûté, pendant si longtemps, la nourriture des
immolés.

Leur situation même avait été récemment adoucie
par des secours venus de Tlemcen, et, la veille de
leur heureuse libération, ils possédaient encore une
certaine somme en argent, capable de subvenir aux
plus poignantes de leurs misères [1].

On dit que l'un d'entre eux, célèbre par son héroïque bravoure aux champs de Sidi-Brahim, s'est
plaint amèrement, à son retour, de la manière dont
il avait été traité durant ses longs malheurs; déjà
même, dans le temps, une de ses lettres, remplie
d'une irritation qui portait son excuse avec elle,
avait été publiée par sa famille désolée; quelques-
uns ajoutent qu'il reproche personnellement à l'Émir

---

[1] 300 Fr., si j'en crois l'un d'eux, sur 3,000 qu'ils avaient pu
recevoir.

de n'avoir pas été de bonne foi dans la dernière de
ses négociations à son sujet.

Je dirai cependant que plusieurs autres m'ont
paru disposés à croire que la bonne foi de l'Émir
ne semblait pas compromise à ce point que le sup-
poserait le récit prêté au vaillant captif délivré;
qu'il était fort possible, après tout, qu'Abd-el-
Kader n'eût pas su bien exactement le détail des
conditions de ses lieutenants, et que, dans tous les
cas, ce dont il se plaindrait en particulier [1] témoi-
gnerait plutôt de la répugnance pleine de pudeur
d'Abd-el-Kader à paraître avoir fait de question
pareille une question d'argent.

Au surplus, il ne faut pas oublier que cette même
somme devait servir à solder entre les mains des
Marocains les dépenses de cette même captivité.

J'ajouterai que plus d'un autre noble délivré, pé-
nétré, au contraire, de reconnaissance envers Abd-
el-Kader pour les soins qui lui avaient été prodi-
gués, en ces mêmes circonstances, autant qu'il avait
été possible, a cru devoir la lui témoigner dans ces
derniers temps; je pourrais citer plus d'un pèlerinage au château d'Henri IV dans ce but sacré, qui

---

[1] Au moment de quitter le camp de l'Émir, et alors que le brave
officier se disposait à prendre congé d'Abd-el-Kader, le khalifa
Sid Kadour lui aurait dit de ne pas parler de la somme convenue
au Sultan, parce que ce dernier l'ignorait, ses lieutenants l'ayant
stipulée de leur chef dans le but qu'il savait.

honorent l'Émir non moins que ses anciens prisonniers, et serviraient, au besoin, de dernière et élo-
quente protestation contre des paroles peu mesurées
et même contre cette triste accusation tout entière;
mais, en vérité, ne croyez-vous point avec moi que
désormais, et au moins pour vous, lecteur de bonne
foi, ce n'est plus nécessaire?

CHAPITRE CINQUIÈME.

De la capitulation de 1847.

—

Voici, à ce sujet, le récit que je tiens de la bouche de l'Émir; j'y ajouterai celui que je viens de lire dans le *Moniteur;* chacun jugera ensuite de cet acte si grave et de ses suites, selon qu'il lui conviendra :

« Depuis trois ans déjà, je ne combattais plus
» dans l'espérance de voir finir heureusement pour
» les miens et pour moi la lutte opiniâtre qui n'a-
» vait pas cessé de nous tenir en haleine depuis le
» mois de novembre 1839.

» Je croyais n'avoir pas encore suffisamment ac-
» quitté ma dette envers mon pays; et je redoutais
» jusqu'à l'apparence d'un reproche de la part de
» mes coreligionnaires et de tous ceux qui, au com-
» mencement de cette sainte et nationale guerre,
» avaient mis en moi leur confiance, et m'avaient,
» à leur tour, juré de ne me pas abandonner.

» Depuis environ le même temps, diverses pro-
» positions m'avaient été faites, plus ou moins di-

» rectement, qui toutes semblaient me convier à
» déposer enfin les armes, en retour de conditions
» à peu près pareilles à celles que je réclamai du
» gouvernement français, par l'intermédiaire du
» général La Moricière, le **22** décembre dernier.

» Ben-Salem, en particulier, l'un de mes plus
» dévoués lieutenants de l'Est, m'avait écrit peu
» auparavant, au moment de sa soumission forcée
» et de son départ pour l'Orient sur des navires
» français, avec ses tentes; c'était, assure-t-il, de
» la part du gouverneur général, dont je connais-
» sais la loyauté égale à son courage, et pour me
» donner la certitude que, si je l'imitais dans cet
» acte désespéré, je serais traité moi-même non
» moins favorablement que lui.

» Vous savez, en effet, comment à sa demande
» il fut transporté sur des vaisseaux de votre na-
» tion dans ces contrées lointaines que rapproche
» de nous le même culte; il lui avait même été dit
» que, pour moi, si la traversée sur des vaisseaux
» chrétiens me répugnait par trop, des barques
» musulmanes me seraient offertes au nom de la
» France et à ses frais.

» Certes, j'avais foi en la loyauté française, et
» je ne doutais point, en effet, qu'en échange de
» ma soumission personnelle et de la pacification
» générale qui en serait la conséquence, ce qui me
» serait promis me serait tenu. Et, néanmoins, je

» ne pouvais me résoudre à descendre de mon che-
» val et à dire cet éternel adieu à nos montagnes
» chéries.

» Cependant, vers la fin de 1847, ma position,
» celle de ma Deïra surtout, devenait de plus en
» plus critique; loin de venir à mon secours, l'em-
» pereur de Maroc m'avait abandonné, et se déci-
» dait plutôt à me poursuivre et à me combattre
» qu'à me soutenir et à me protéger; et j'avais au-
» tant pour le moins à craindre désormais des sau-
» vages Kabyles du Riff que des chrétiens et des
» Français eux-mêmes, dont les efforts se multi-
» pliaient chaque jour davantage avec mes angois-
» ses et mes revers.

» Si je ne me retirais de la lutte pour m'établir
» à Fez avec les miens, comme Bou-Hamédi, ou,
» pour aller au désert, Muley-Abderraman et ses
» fils ne me feraient aucun quartier.

» Toutefois, je ne songeais pas encore à entrer
» en accommodement avec les Français, quand ma
» Deïra, où se trouvaient ma mère et tout ce qui
» me restait de cher, ayant été tout à coup expo-
» sée, sans qu'il me fût possible de l'empêcher, à
» tomber entre les mains du général de l'ouest, je
» pris brusquement mon parti.

» J'aurais bien pu, sans doute, à toute force
» échapper de nouveau personnellement à cette
» double poursuite acharnée. J'avais encore autour

» de moi un certain nombre de mes vieux cava-
» liers, d'une bravoure égale à leur fidélité pro-
» verbiale; longtemps encore j'aurais pu inquiéter
» les Français et leur colonie; les tribus du désert,
» dont je connaissais le chemin, ne m'auraient pas
» refusé un peu d'orge et de lait; j'aurais même
» pu, à la rigueur, gagner à cheval la route des
» villes saintes; je l'avais parcourue, dans mon en-
» fance, avec mon vénéré père.

» Mais ma mère, mais les femmes, les enfants
» de ces serviteurs fidèles, mais les vieillards et
» tant de malheureux blessés qui les accompa-
» gnaient, que seraient-ils devenus! D'ailleurs, n'é-
» tait-ce pas exposer cette poignée de braves, pour
» la plupart du moins, à une mort inévitable?

» Donc, j'écrivis au général La Moricière pour
» lui demander si le gouvernement français était
» vraiment toujours à mon égard dans les disposi-
» tions dont on m'avait si souvent entretenu, et si
» je pouvais compter, dans le cas où je me ren-
» drais à lui sans plus de retard, sur cette transla-
» tion en Orient devenue désormais l'unique objet
» de nos vœux à tous.

» La Moricière m'envoya son sabre et son ca-
» chet, en retour des miens, pour gage de sa che-
» valeresque parole; ce n'était pas assez pour moi;
» j'insistai et demandai par écrit l'assurance de cette
» condition sans laquelle je ne pouvais cesser la

» lutte; et il me fut répondu dans le même sens.

   » J'insistai de nouveau, et déclarai que si je n'a-
» vais pas la certitude que son engagement per-
» sonnel était suffisant, j'abandonnerais une der-
» nière fois ma cause à Dieu, et que rien ne serait
» conclu entre nous.

   » Je reçus bientôt cette assurance écrite et si-
» gnée; un instant après je poussais mon cheval en
» avant, et j'arrivais dans son camp.

   » Le duc d'Aumale débarquait en même temps
» à D'Jemma-Ghazaouat; je le vis, il me reçut no-
» blement, me dit qu'il n'était pas absolument né-
» cessaire qu'il ratifiât ce qu'avait fait son digne
» lieutenant, mais que, si je le désirais, et au be-
» soin, il le confirmait, il me donnait sa royale pa-
» role que ce qui avait été convenu entre nous se-
» rait fidèlement exécuté.

   » Je lui offris alors mon dernier cheval !

   » Il me demanda, presque aussitôt après, où je
» voulais décidément être transporté, et qui j'amè-
» nerais avec moi : je répondis que je désirais être
» transféré à Stamboul, à Saint-Jean-d'Acre ou à
» Alexandrie, et que j'amènerais avec moi ma mè-
» re, mes femmes et mes enfants, mes frères et
» leur famille, mon oncle, mes principaux officiers,
» environ cent personnes en tout. C'était parmi les
» miens à qui m'accompagnerait.... Je ne pouvais
» répondre à cet empressement de tous.... Hélas !

» je croyais les conduire dans un paisible séjour et
» à une espèce de bonheur; je ne savais pas que
» c'était dans une prison.

» Le fils du Roi me répondit qu'il ne pouvait con-
» sentir à me faire conduire à Stamboul [1], mais que
» je partirais, dès que nous serions à Mers-el-Kebir,
» pour Alexandrie, selon ma demande et sa pro-
» messe. Seulement, il était nécessaire que le bâ-
» timent sur lequel je serais embarqué relâchât un
» instant dans le port de Toulon. J'y consentis vo-
» lontiers, ne soupçonnant guère assurément le ré-
» sultat de cette circonstance que j'attribuais à la
» nécessité de certains préparatifs de voyage.

» Arrivé à Toulon, on m'enferma dans une for-
» teresse comme un captif. Vraiment, si, au milieu
» d'une bataille, j'avais été blessé, j'étais tombé de
» mon cheval, une main guerrière m'avait saisi,
» désarmé, je n'aurais pas été traité autrement.

» Quelque temps après, on me dit que j'allais
» habiter une maison royale, en attendant mon dé-
» part; on me conduisit à Pau; vous m'y avez vu.

» J'y étais bien, mais on prétendit que mon sé-
» jour y devenait incommode et dangereux pour
» certaines réparations non encore terminées au
» château d'Henri IV; ce n'était pas exact [2]. Vous
» savez le reste. »

[1] Constantinople.
[2] J'ai pu me convaincre par moi-même de l'exagération sinon

Tel est en substance, et accommodé au génie de notre langue, le récit d'Abd-el-Kader sur ce point aussi grave que délicat.

Et maintenant j'emprunte au *Moniteur* l'abrégé textuel des rapports du général La Moricière et du duc d'Aumale, ainsi que d'intéressantes explications données peu après à la tribune des deux Chambres. Ces dernières citations compléteront ce double récit; leur intérêt en fera pardonner la longueur à tout lecteur consciencieux :

Le gouverneur général de l'Algérie au ministre de la guerre.

« Monsieur le ministre,

» Un grand événement vient de s'accomplir :
» Abd-el-Kader est dans notre camp. Battu par
» les Kabyles du Maroc, chassé de la plaine de la
» Moulouïa par les tribus voisines, abandonné par
» la plus grande partie des siens qui s'étaient ré-
» fugiés sur notre territoire, il s'était jeté dans le

---

même de la fausseté, de tout ce qui a été dit et prétendu à cet égard; et si mon témoignage ne vous suffisait pas, je vous renverrais à certain procès-verbal du 1er ou du 2 novembre, dressé sur la demande du commandant militaire du château, et qui constate le fait d'une manière positive. Ne m'en demandez pas davantage; j'aurais de trop tristes détails à vous raconter; d'ailleurs, paix à ceux qui ne sont plus.

» pays des Beni-Snassen, et cherchait à prendre la
» route du sud que l'Empereur du Maroc avait lais-
» sée libre ; mais, cerné par notre cavalerie, il s'est
» confié à la générosité de la France, et s'est rendu
» sous la condition d'être envoyé à Alexandrie ou
» à Saint-Jean-d'Acre.

» Ainsi que je l'ai mandé à Votre Excellence,
» l'Émir avait, grâce à un stratagème aussi hardi
» qu'ingénieux, surpris, dans la nuit du 11 au 12,
» les camps marocains ; cette attaque, qui a causé
» de grandes pertes au maghzen de l'Empereur,
» paraît avoir eu un succès complet. Abd-el-Kader
» avait affaire à un ennemi si nombreux, qu'il dut
» s'arrêter devant la multitude et la masse com-
» pacte de ses adversaires.... Il rallia donc sa Deï-
» ra, et concentra toutes ses forces et tout son mon-
» de vers l'embouchure de la Moulouïa, entre la
» rive gauche de cette rivière et la mer

» Les camps marocains continuèrent de resser-
» rer le cercle qui l'enveloppait ; le général de La
» Moricière avait envoyé au caïd d'Ouchda trente
» mulets de cartouches qui furent distribuées aux
» Beni-Snassen, même envoi avait été fait de Ne-
» mours au caïd du Riff par une balancelle ; les con-
» tingents kabyles grossissaient de toutes parts,
» et constituaient pour l'Émir un danger plus re-
» doutable que tous les autres.

» Le mauvais temps retarda l'engagement quel-

» ques jours, de même qu'il ôtait à sa Deïra toute
» liberté d'action. Le 21, la Moulouïa était guéa-
» ble; les bagages et les familles des compagnons
» de l'Émir commencèrent à la passer pour venir
» dans la plaine de Triffa.

» L'intention d'Abd-el-Kader était de la conduire
» jusque sur notre territoire; puis, de se retirer
» vers le sud avec ceux qui voudraient le suivre.
» La route avait été laissée libre par les Marocains,
» et les Beniben-Ziggou, les Hamyanes-Gharabas,
» toujours en relations avec lui, lui promettaient
» de faciliter l'exécution de ce projet.

» Le commencement du passage de la rivière
» est le signal du combat que les Kabyles maro-
» cains, excités par l'appât du butin, engagent avec
» furie; mais les fantassins et les cavaliers de l'É-
» mir soutiennent jusqu'au bout leur vieille répu-
» tation, ils résistent tout le jour; pas un mulet,
» pas un bagage n'est enlevé. Le soir, ils ont perdu
» la moitié des leurs; le reste se disperse; la Deï-
» ra tout entière a gagné le territoire français; les
» Marocains cessent la poursuite.

» Abd-el-Kader, après avoir conduit lui-même
» l'émigration sur notre territoire, et l'avoir enga-
» gée dans le pays des M'Sirdas, le quitte; un pe-
» tit nombre se décide à le suivre.... Mais le gé-
» néral La Moricière, informé de ce qui s'est pas-
» sé, a deviné son projet de gagner le sud.

» Vingt spahis, commandés par un officier intel-
» ligent et sûr, le lieutenant Ben-Krouïa, avaient
» été, le 21 au soir, dès les premières nouvelles,
» envoyés en observation au col de Kerbous; bien-
» tôt des coups de fusil signalent un engagement
» de ce côté : c'est Abd - el - Kader qui rencontre
» nos spahis. Le général de La Moricière, qui, dans
» la nuit, avait fait prendre les armes à sa colon-
» ne, s'avance rapidement avec sa cavalerie. L'É-
» mir a pour lui l'obscurité, un pays difficile, sil-
» lonné de sentiers inconnus de nos éclaireurs; la
» fuite lui était encore facile.

» Mais bientôt, deux de ses cavaliers, amenés
» par Ben-Krouïa lui-même, viennent annoncer au
» général qu'il est décidé à se rendre, et qu'il de-
» mande seulement à être conduit à Saint-Jean-
» d'Acre ou à Alexandrie. La convention, immé-
» diatement conclue, est bientôt ratifiée par écrit
» par le général de La Moricière. Votre Excellence
» trouvera dans le rapport de cet officier général,
» que je lui envoie en entier, les détails dramati-
» tiques de cette négociation.

» Aujourd'hui même, dans l'après-midi, Abd-
» el-Kader m'a été amené à Nemours, où j'étais
» arrivé le matin; j'ai ratifié la parole donnée par
» le général La Moricière. »

Le commandant de la province d'Oran, lieutenant-général de La Moricière, à S. A. R. Mgr. le duc d'Aumale, gouverneur général de l'Algérie.

« Au bivouac de Sidi-Mohammed-ben-Ouassim,
» 22 décembre 1847. Minuit.

» Monseigneur,

» Depuis la lettre que j'ai eu l'honneur de vous
» adresser le 18 courant, j'ai pris plusieurs fois la
» plume pour vous donner de nos nouvelles; mais
» les événements se pressaient si rapidement, que,
» la face des choses changeant à chaque instant, il
» m'était impossible de rien formuler sur la situa-
» tion. Vous allez en juger par ce qui va suivre.
» Je me borne à un résumé succinct, car je ne re-
» nonce point à l'espoir d'entretenir prochainement
» Votre Altesse Royale.

» Le 18 au soir donc, arrivent à mon camp des
» émissaires de Sidi Mustapha, frère de l'Émir. La
» négociation avec ces personnages, fort heureu-
» sement conduite par le commandant Bazaire, tou-
» che à son terme. Dans la nuit du 19 au 20, il
» passe la frontière, et vient camper chez les M'Sir-
» das. J'en suis informé le 20 dans l'après-midi,
» et je l'envoie chercher par quatre cents chevaux,
» sous les ordres du colonel Montauban. Le 21, il
» arrive à mon camp, vers deux heures de l'après-

» midi, avec une suite d'environ cinquante person-
» nes. La lettre d'aman, que V. A. R. lui a adres-
» sée, et la dépêche qu'elle m'écrivait le 19 du
» courant, venaient de m'arriver; je la lui remis,
» et il ne fut tout à fait rassuré qu'après l'avoir lue.

» J'apprends cependant que c'est le 20 ou le 21
» que les camps marocains doivent attaquer Abd-
» el-Kader.

» Pendant les journées du 19 et du 20, les camps
» du fils de l'Empereur descendent la Moulouïa,
» par la rive gauche; le caïd d'Ouchda s'avance
» jusqu'à Chéraa; Abd-el-Kader vient camper à
» Agguidin, sur le rivage même de la mer.

» Un ancien brigadier du 2ᵉ chasseurs d'Afrique,
» qui servait dans les troupes marocaines, enlevé
» par l'Émir dans le coup de main de la nuit du 11
» au 12, s'échappe de la Deïra, au moment où elle
» vient camper à Agguidin, et nous donne des dé-
» tails intéressants sur les embarras de la situation.

» Le 20, le mauvais temps empêche d'attaquer
» l'Émir; mais on apprend à la Deïra que son frère
» a fait sa soumission. On voit la Moulouïa grossir,
» et les contingents des camps marocains augmen-
» ter à chaque instant.

» Le 21, la rivière est rigoureusement guéable;
» on commence à la passer pour venir dans la plai-
» ne de Triffa. Un combat opiniâtre s'engage; plus
» de la moitié des fantassins réguliers y sont tués;

» mais le passage de la Deïra s'exécute sans que
» les bagages soient pillés.

» Le soir, à cinq heures, les fantassins et les ca-
» valiers réguliers sont dispersés; la Deïra a passé
» le Kiss, est entrée sur notre territoire; les Ma-
» rocains cessent de la poursuivre. Abd-el-Kader.
» seul, à cheval, est à la tête de l'émigration, qu'il
» dirige dans les montagnes des M'Sirdas. Il de-
» mande le chemin à un des cavaliers de notre
» caïd, qui allait reconnaître les arrivants. Le fait
» m'est annoncé, à neuf heures du soir, le 21. J'ap-
» prends en même temps que l'Émir s'est enquis
» de la route qu'il peut suivre pour gagner les sour-
» ces du Kiss et les Beni-Snassen.

» J'étais convaincu, et je ne me trompais pas,
» que la Deïra venait de faire sa soumission; mais
» l'Émir, suivant le projet qu'on m'avait annoncé,
» cherchait à gagner le désert : j'ignorais le chiffre
» de ceux qui l'accompagnaient.

» A l'heure où j'avais été prévenu, il devait avoir
» gagné le pays des Beni-Snassen; mais il s'agis-
» sait d'en sortir. Or, la seule fraction assez bien
» disposée pour lui pour qu'il pût la traverser est
» précisément la plus rapprochée de notre territoi-
» re. Le col qui débouche dans la plaine par le pays
» de la fraction dont je viens de parler a son issue
» à une lieue et demie environ de la frontière. Je
» me décidai à faire garder ce passage; et ce qui

» me détermina, c'est que le frère du caïd d'Ouchda
» nous avait écrit, le soir même, pour nous enga-
» ger à surveiller cette direction, par laquelle l'É-
» mir devait sans doute passer.

» Mais il fallait prendre cette mesure sans donner
» l'éveil aux tribus qui sont campées sur la route.

» Dans ce but, deux détachements de vingt
» spahis, choisis, revêtus de burnous blancs, com-
» mandés, le premier, par le lieutenant Ben-
» Kroüïa, l'autre, par le sous-lieutenant Brahim,
» furent chargés de cette mission.

» Le premier se rendit au col même, et le
» deuxième avait une position intermédiaire entre
» ce point et notre camp. La cavalerie sella ses
» chevaux, et le reste de la colonne se tint aussi
» prêt à marcher au premier ordre.

» Enfin, pour être prêt à tout événement, après
» avoir calculé la marche probable de l'Émir, je
» fis prendre les armes à deux heures du matin
» pour porter ma colonne à la frontière. Je ne crai-
» gnais plus, à ce moment, que ma marche fût con-
» nue en temps utile par Abd-el-Kader.

» J'avais à peine fait une lieue et demie, que des
» cavaliers envoyés par le lieutenant Ben-Kroüïa
» me prévinrent qu'il était en présence d'Abd-el-
» Kader, et qu'il était engagé. Le deuxième déta-
» chement s'était porté à son secours, et je fis de
» même aussi vite que possible avec toute la ca-

» valerie. Il était environ trois heures du matin.

» Chemin faisant, je reçus les députés de la Deï-
» ra qui venaient se soumettre, et auxquels j'ai
» donné l'aman au grand trot, en les envoyant à
» mon camp pour y chercher des lettres. (Je l'a-
» vais laissé sous la garde de dix compagnies.)

» Enfin, quelques instants après, je rencontrai
» le lieutenant Ben-Kroüïa, qui revenait avec deux
» hommes des plus dévoués de l'Émir, et qui étaient
» chargés de me dire qu'Abd-el-Kader demandait
» à se soumettre.

» Ben-Kroüïa avait causé lui-même avec l'Émir,
» qui lui avait remis une feuille de papier sur la-
» quelle il avait apposé son cachet, et sur laquelle
» le vent, la pluie et la nuit l'avaient empêché de
» rien écrire. Il me demandait une lettre d'aman
» pour lui et ceux qui l'accompagnaient.

» Il m'était impossible d'écrire par la même rai-
» son qui s'était opposée à ce que l'Émir pût le fai-
» re, et, de plus, je n'avais point mon cachet. Ces
» hommes voulaient absolument quelque chose qui
» prouvât qu'ils m'avaient parlé. Je leur remis mon
» sabre et le cachet du commandant Bazaire, en leur
» donnant verbalement la promesse d'aman la plus
» solennelle. Les deux envoyés de l'Émir me de-
» mandèrent de les faire accompagner par Ben-
» Kroüïa, que je fis repartir avec quatre spahis.

» Tout cela se fit en marchant; car je voulais

» néanmoins arriver avant le jour au point de no-
» tre frontière le plus rapproché du col de Kerbans
» (celui dont j'ai parlé plus haut).

» Parvenu à ce point, vers cinq heures et de-
» mie, j'y restai jusqu'à onze heures et demie. Je
» ne recevais aucune réponse ; mais j'étais bien con-
» vaincu que la présence de ma cavalerie avait fait
» renoncer l'Émir à traverser la plaine. A ce mo-
» ment, j'ai dû prendre des dispositions différen-
» tes. Nos coureurs avaient rencontré et m'avaient
» amené plusieurs cavaliers qui erraient à l'aven-
» ture dans le pays, et peut-être dans le dessein
» de rejoindre Abd-el-Kader ; ce qui me le ferait
» croire, c'est qu'il y avait parmi eux deux agas.
» Je sus par eux que la Deïra, qui m'avait envoyé
» demander l'aman, mais qui ne l'avait pas encore
» reçu, était fort inquiète chez les M'Sirdas, qui
» avaient commencé à la troubler par des brigan-
» dages pendant la nuit précédente, et qui se dis-
» posaient à continuer.

» J'envoyai alors le colonel Montauban, avec
» cinq cents chevaux, bivouaquer près de la Deï-
» ra. Je fis partir le colonel Mac-Mahon, pour aller
» camper sur les puits de Sidi-Ben-Djenan, avec
» les zouaves et un bataillon du 9ᵉ de ligne ; et,
» après être resté encore près de deux heures en
» observation, j'ai regagné mon camp avec le reste
» de mes troupes.

» La venue de tous les hommes avec lesquels
» j'ai causé ce soir, me montrait l'abandon dans le-
» quel était l'Émir, et me portait à croire à l'em-
» barras très-réel dans lequel l'avaient mis nos quel-
» ques coups de fusil de cette nuit. J'avais com-
» mencé cette lettre sous cette impression, lorsque
» me sont revenus Ben-Krouïa et les deux émis-
» saires d'Abd-el-Kader. Il me rapportait mon sa-
» bre et le cachet du commandant Bazaire, et, en
» outre, une lettre de l'Émir, qui est de l'écriture
» de Mustapha Ben-Thamy. Je vous adresse ci-joint
» copie de la traduction de cette lettre, ainsi que
» de la réponse que j'y ai faite.

» J'étais obligé de prendre des engagements; je
» les ai pris, et j'ai le ferme espoir que Votre Al-
» tesse Royale et le gouvernement les ratifieront,
» si l'Émir se fie à ma parole.

» Les principaux compagnons d'infortune de l'É-
» mir sont aujourd'hui : Mustapha Ben-Thamy, kha-
» lifa de Mascara, son beau-frère; Abd-el-Kader
» Ben-Klika, caïd de Sandempt; Cadour Ben Allal,
» neveu de Sidi Embarrak J'ai fait écrire aux deux
» premiers par leurs proches qui sont ici. Enfin,
» Si-Ahmedi-Sakal, caïd de Tlemcen, qui m'a beau-
» coup servi dans toutes ces affaires, a écrit à l'É-
» mir pour l'engager à avoir confiance dans la
» parole que je lui ai donnée au nom du gouver-
» nement.

» Demain, ou après-demain au plus tard, nous
» saurons à quoi nous en tenir.

» Veuillez excuser, Monseigneur, le décousu de
» cette dépêche. Je ne veux pas retarder son dé-
» part, et je vous l'envoie telle qu'elle est.

» Veuillez agréer, Monseigneur, l'assurance de
» mon respectueux dévouement.

> » *Le lieutenant-général, commandant la*
> » *province d'Oran,*

> » DE LA MORICIÈRE. »

> » Le 23, à neuf heures du matin.

» P. S. — Je monte à cheval à l'instant. Le temps
» me manque pour joindre ici les copies de la lettre
» que j'ai reçue de l'Émir et de celle que je lui ai
» répondue. Il me suffit de vous indiquer que j'ai
» uniquement promis et stipulé que l'Émir et sa fa-
» mille seraient tous portés à Alexandrie ou à Saint-
» Jean-d'Acre. Ce sont les deux seuls lieux que j'aie
» indiqués. C'étaient ceux qu'il désignait dans sa
» demande que j'ai acceptée. »

Et si vous voulez maintenant bien apprécier ce
qui précède, et la position véritable d'Abd-el-Kader
au château d'Amboise, permettez-moi de continuer
mes extraits du *Moniteur;* écoutez les hommes éminents qui, en se succédant à la tribune des deux

Chambres, ont abordé résolument cette question,
et, avec eux, ce même général de La Moricière ex-
pliquant, commentant sa dépêche et l'engagement
qu'il a pris, signé le 23 décembre au matin.... assurément je n'aurai rien à y ajouter.

Et d'abord, M. Guizot, président du conseil, ré-
pondant à M. Pelet de la Lozère et à M. de Boissy,
qui l'interpellaient vivement à ce sujet, dans la
séance du 17 janvier 1848, disait en termes ex-
près :

« Il y a deux grands intérêts à concilier ici : le
» premier, l'intérêt de l'État; et, en même temps,
» il faut tenir grand et loyal compte des paroles di-
» tes, des promesses faites. J'ai la confiance que le
» gouvernement du Roi conciliera ces deux inté-
» rêts; j'ai la confiance qu'il trouvera le moyen
» d'acquitter loyalement ces promesses. »

— « J'avais le projet, répond M. Mérillou, de de-
» mander au gouvernement quelles étaient ses in-
» tentions relativement à l'exécution de la promesse
» qu'on nous annonce avoir été faite par le prince
» gouverneur-général à Abd-el-Kader. Les expli-
» cations qui ont été données par M. le ministre des
» affaires étrangères doivent complètement arrêter
» les détails sur ce point.

» C'est à la sagesse du gouvernement à vérifier
» d'abord quelles ont été les promesses réellement
» faites à Abd-el-Kader; c'est au gouvernement à

» déterminer la mesure dans laquelle on doit les
» exécuter. Toujours la France, dans sa conduite
» avec les nations étrangères, avec les armées qui
» étaient chargées de la combattre, a mérité la con-
» fiance de toutes les populations ennemies, par le
» respect le plus profond à la parole donnée.

» Si donc le gouvernement reconnaît que des pro-
» messes ont été faites, le gouvernement les rem-
» plira scrupuleusement; il n'y changera rien sans
» le consentement d'Abd-el-Kader; il sentira quel
» respect profond et scrupuleux est dû à un ennemi
» vaincu, lorsque cet ennemi avait déposé les ar-
» mes sur la foi d'une parole donnée.

— M. le prince de la Moskowa, d'une voix profondément convaincue : « Je le déclare hautement,
» notre gouvernement ne peut hésiter à ratifier la
» convention conclue. Rappelons-nous, en effet,
» comment les choses se sont passées.

» Abd-el-Kader, après avoir échoué dans ses
» négociations auprès de l'Empereur de Maroc, et
» après avoir appris l'arrestation de son khalifa
» (Bou-Hamédi), a senti qu'il ne devait plus cher-
» cher ailleurs que dans son courage le moyen de
» sortir d'affaire. C'est alors que, pour se mettre en
» sûreté, il a effectué ce beau passage de la Mou-
» louïa, qui restera comme une des plus brillantes
» pages de sa vie militaire.

» Il entraînait, on le sait, à sa suite, plus de six

» mille personnes, des chameaux, des chevaux,
» une immense quantité de bétail, un matériel con-
» sidérable.

» Le passage de la rivière ne s'est opéré qu'avec
» la plus grande difficulté. La petite troupe de l'É-
» mir était entourée de toute l'armée marocaine,
» et, il faut le dire à sa louange, en rendant justice
» aux derniers efforts de sa lutte désespérée, ce
» combat a été très-glorieux pour lui; ses réguliers
» se sont admirablement battus : ils se sont pres-
» que tous fait tuer; mais la Deïra tout entière a
» traversé la Moulouïa, et pas un mouton n'est resté
» sur la rive opposée!

» Cependant l'Émir, surpris de voir garder le
» col par où, de sa personne, il veut gagner le sud,
» offre au général de La Moricière de se rendre.
» Celui-ci accueille cette ouverture, et va à sa ren-
» contre. Il le trouve entouré de quatre-vingts ca-
» valiers, tout couverts de sang et noircis de pou-
» dre. Nos soldats sont émus à la vue de ces braves
» guerriers. Ils déposent leurs fusils en signe de
» soumission : « Je vous les rends, dit La Mori-
» cière, gardez-les pour servir la France; » et il
» les engage aussitôt dans notre maghzen. C'était
» un hommage éclatant et mérité, rendu par le chef
» français à la manière courageuse dont ces hom-
» mes avaient défendu leur cause jusqu'au bout.

» C'est alors qu'Abd-el-Kader proposa les con-

» ditions que vous savez, et que le général de La
» Moricière crut devoir les accepter.

» Maintenant, de deux choses l'une : ou vous
» considérez Abd-el-Kader comme un brigand,
» comme un pirate; ou vous voyez en lui un géné-
» ral ennemi vaincu. Dans le premier cas, faites-le
» pendre; dans le second cas, traitez-le suivant le
» droit des gens. »

— M. le général Marbot : « Il a fait égorger trois
» cents de nos prisonniers. »

— M. le prince de la Moskowa : « Il y a dans
» l'histoire plus d'un exemple de capitulation gar-
» dée, et plus d'un, hélas! de capitulation violée.

» Or, qu'il me soit permis de rappeler au sou-
» venir de la Chambre un fait que j'emprunte à nos
» fastes militaires : il est regrettable, sans doute,
» puisque c'est d'un revers qu'il s'agit; mais, ce-
» pendant, il est glorieux aussi en raison des cir-
» constances : je veux parler de la capitulation de
» Cintra, obtenue du général Moor, en Portugal,
» par M. le duc d'Abrantès, et aux plus favorables
» conditions pour notre armée. Cette capitulation
» fut attaquée bien plus violemment en Angleterre,
» et y excita des murmures bien plus bruyants en-
» core que n'en saurait causer, à coup sûr, chez
» nous, la conduite qu'on suppose devoir être tenue
» par notre gouvernement à l'égard de l'Émir : je
» parle des murmures de ceux qui regretteraient

» que sa décision tendît à consacrer les termes de
» la convention signée par le général de La Mori -
» cière.

» Le Parlement d'Angleterre, tout comme l'opi-
» nion, s'était fortement élevé contre la ratification
» de la capitulation que je rappelle ; cependant,
» Messieurs, cette convention fut ratifiée. N'était-ce
» pas, toutefois, une chose beaucoup plus impor-
» tante pour la cause britannique de permettre que
» notre armée fût renvoyée en France avec armes
» et bagages, que pour nous de ratifier les conven-
» tions de Sidi-Brahim? En Angleterre, Messieurs,
» on a regretté une convention désavantageuse,
» mais on a respecté la parole du général qui l'a-
» vait conclue. (Approbation).

» Sans doute, on peut invoquer contre Abd-el-
» Kader, comme vient de le faire, en m'interrom-
» pant, M. le général Marbot, l'affreux massacre de
» nos prisonniers. Cependant, sans avoir aucun
» moyen, j'en conviendrai, pour le savoir, je pour-
» rais répondre que, suivant les khalifas d'Abd-el-
» Kader, ce n'est pas à l'Émir qu'on devrait per-
» sonnellement imputer ce fait odieux ; et si je dois
» déclarer ici toute ma pensée, j'ajouterai que tout
» ce que nous savons jusqu'ici du caractère d'Abd-
» el-Kader autorise cette supposition.

» Ce serait donc à son insu, et sans sa participa-
» tion, que ce déplorable massacre a eu lieu. D'un

» autre côté, je ne veux pas invoquer de tristes sou-
» venirs; mais, enfin, ne sommes-nous pas autori-
» sés à craindre que les Arabes, en commettant ce
» crime, n'aient cru exercer des représailles? (Mou-
» vement.)

» Je n'insisterai pas davantage sur ce sujet, que
» je m'empresse d'abandonner. Messieurs, pour
» traiter, avec l'Émir, à quel point peut se placer
» le gouvernement? Du moment où Abd-el-Kader
» ne s'est pas rendu à discrétion, nous sommes te-
» nus de respecter à son égard les principes du
» droit des gens, sous peine d'encourir le blâme de
» l'histoire.

» Voulez-vous que notre gouvernement se con-
» duise comme le général espagnol qui signala la
» capitulation de Baylen? La manière dont cette ca-
» pitulation, de funeste mémoire, a été violée, res-
» tera dans l'histoire comme une tache pour l'hon-
» neur de celui qui s'est rendu coupable d'une aussi
» indigne violation. (Mouvement d'assentiment.)

» Le sentiment de notre armée d'Afrique n'est
» pas douteux; d'ailleurs, croyez-le bien, elle veut
» qu'on fasse honneur à l'engagement contracté par
» le brave général de La Moricière.

» Notre armée en Algérie, Messieurs, a pu juger
» de la manière dont Abd-el-Kader a su défendre
» la cause pour laquelle il a si énergiquement com-
» battu jusqu'à la fin, jusqu'au dernier moment; et

» notre honneur militaire exclut la pensée de tout
» équivoque en ce qui touche l'interprétation de
» la convention conclue avec lui ; elle le repousse,
» non seulement à cause de la conduite valeureuse
» de l'Émir, mais aussi en raison des principes.

» Vous savez, Messieurs, qu'on accorde une ca-
» pitulation d'autant plus volontiers à un ennemi
» qui se rend, qu'il a su se montrer plus digne de
» l'estime du vainqueur par la manière dont il s'est
» défendu. Or, qui de nous peut contester qu'Abd-
» el-Kader ne se soit bravement battu pour sa pa-
» trie, pour sa foi religieuse, et qu'il n'ait bien
» mérité ainsi l'approbation de notre armée et de
» l'histoire? (Assentiment.)

» Laissons-nous diriger par ces sentiments hono-
» rables; ne nous exagérons pas les dangers de la
» déportation de l'Émir dans un pays musulman.
» Pour moi, d'ailleurs, Messieurs, cette considéra-
» tion est secondaire; il y a quelque chose qui doit
» être mis en première ligne : c'est la foi à la pa-
» role donnée. (Très-bien!) Or, il ne sera pas dit
» que, comme gage de sa parole militaire, le gé-
» néral français aura échangé son sabre contre celui
» d'Abd-el-Kader, et que la France aura désavoué
» cet engagement. (Très-bien! très-bien!) »

--- Enfin, à la même tribune, et le même jour,
M. le général Fabvier s'écriait : « Messieurs, c'est
» avec peine que j'entends dans cette Chambre met-

» tre dans la balance, d'un côté, des dangers sup-
» posés, et fussent-ils réels... de l'autre, l'honneur
» de la France

» Lorsque le gouvernement avait des gouver-
» neurs-généraux en Algérie, je suppose qu'il leur
» donnait des instructions. Lorsque M. le duc d'Au-
» male est parti, sans doute il a su ce que, dans
» un cas, sinon présumable, du moins possible, il
» devait faire vis-à-vis d'Abd-el-Kader.

» Si le gouvernement n'a pas donné des instruc-
» tions, il peut s'en repentir. Si M. le duc d'Au-
» male, gouverneur-général de l'Algérie, juge des
» circonstances dans lesquelles il se trouvait, a
» cru devoir prendre le parti qu'il a pris, c'est-à-
» dire accorder à Abd-el-Kader l'autorisation de
» se rendre dans les pays musulmans; si en cela il
» a dépassé les instructions du gouvernement, le
» gouvernement peut le punir (Réclamations); qu'il
» donne à l'armée des dangers nouveaux, mais
» point de honte.

» M. le président du conseil nous a dit qu'il sau-
» rait allier les intérêts et l'honneur de la France.
» Les intérêts de la France et son honneur seront
» parfaitement unis dans une ratification désormais
» indispensable; car l'intérêt de la France ne peut
» être séparé de sa bonne renommée.

» Il n'y a ici ni ratification, ni négociation à faire:
» Abd-el-Kader est dans vos mains, il ne peut plus
» négocier.

» Messieurs, songez à ne pas toucher à l'hon-
» neur si précieux de la France; rappelez-vous le
» roi Jean, François Ier, Henri IV, ces premiers
» gentilshommes de leur royaume. J'ajouterai un
» seul mot : Si vous touchez à l'honneur de la Fran-
» ce, adieu la victoire! »

A la tribune de la Chambre des députés, quelques jours plus tard, c'était le tour du général de
La Moricière lui-même. Écoutons-le nous donner
de plus en plus l'intelligence des événements et de
l'acte du 23 décembre; certes, quel témoignage,
à cet égard, que le sien!

Un homme qui, suivant une magnifique parole
qui retentit encore, porte son témoignage avec lui-
même toutes les fois qu'il parle, achèvera de justifier devant la France et devant l'histoire les réclamations émouvantes de l'illustre captif.

— M. le général de La Moricière : « On a pris
» les expressions de nos rapports, et on les a com-
» mentées.

» L'Émir, nous dit-on, d'après vos rapports, ne
» pouvait passer que par tel col; vous teniez ce
» col, vous pouviez donc prendre Abd-el-Kader.

» L'Émir était cerné par les Marocains, par vos
» colonnes; vous n'aviez qu'un pas à faire, il ne
» pouvait s'échapper.

» Messieurs, les lettres que les officiers géné-
» raux s'écrivent sur les lieux et au moment de

» l'action sont concises; ils ont hâte de les finir pour
» agir; ils se comprennent, ils s'entendent à demi-
» mot, parce qu'ils ont la connaissance d'une foule
» de détails auxquels la plupart d'entre vous sont
» étrangers.

» Permettez-moi donc de revenir sur les faits,
» et de vous exposer nettement quelles sont les
» chances que j'avais dans la nuit du 21 au 22 dé-
» cembre, quelles sont les chances qu'avait l'Émir;
» car c'est de l'appréciation de ces chances respec-
» tives que peut résulter une opinion raisonnable
» sur les conventions qui ont été faites. (C'est cela!
» Très-bien!)

» Battu au passage de la Moulouïa, l'Émir, suivi
» de sa Deïra, passe notre frontière; il sait qu'une
» partie de sa Deïra ne le suivra pas dans le voyage
» qu'il va entreprendre, mais il n'ignore point que
» les principaux chefs, les plus riches et les plus
» fidèles de ses serviteurs, et les débris de sa ca-
» valerie régulière, s'associ ont à sa fortune.

» Il est en tête de cette émigration; seul, il la
» conduit dans les sentiers des montagnes des
» M'Sirdas. L'obscurité de la nuit, la pluie torren-
» tielle rend cette marche encore plus difficile;
» il demande le chemin à des cavaliers qui sont
» échelonnés le long de la frontière; ces cava-
» liers me préviennent; j'apprends les mouve-
» ments de l'Émir. Je sais qu'il a le projet de se

» réfugier au désert. Son frère, qui s'est rendu la
» veille à mon camp, m'en a informé, le bruit pu-
» blic l'affirme, l'Empereur l'y a autorisé dans son
» *ultimatum.*

» Le commandant d'Ouchda, avec lequel je suis
» en relations, m'écrit qu'il traversera les montagnes
» des *Beni-Snassen*, et on voit sur une carte, que
» j'ai envoyée à M. le ministre de la guerre, la po-
» sition des tribus échelonnées sur sa route, qui
» faciliteront son passage.

» Vous vous étonnerez peut-être que les tribus
» de la frontière facilitassent à l'Émir les moyens
» de se rendre au désert. Mais remarquez que ces
» tribus, ainsi que leurs chefs, avaient le plus grand
» intérêt à perpétuer l'état de troubles dans lequel
» elles vivaient depuis qu'Abd-el-Kader était au
» milieu d'elles. D'une part, elles ne payaient point
» d'impôt; de l'autre, l'Émir et l'Empereur faisaient
» à leurs cheics de fréquents et importants cadeaux
» pour se ménager leur amitié.

» Ces tribus, donc, favorisaient le passage de
» l'Émir. Ici, devais-je marcher avec toute ma co-
» lonne pour me porter sur le col par lequel il était
» probable que passerait Abd-el-Kader?

» En face de mon camp, le long de la frontière,
» les douars des populations marocaines s'éten-
» daient d'une manière continue. Si je faisais un
» mouvement, Abd-el-Kader en était prévenu. Les

» cols, dans les montagnes, ne sont pas comme les
» ponts sur les grandes rivières. On dit que l'on ne
» peut passer que par un col; cela signifie qu'Abd-
» el-Kader, embarrassé de son convoi, c'est-à-dire
» de nombreuses bêtes de somme chargées de mille
» objets qu'une population qui campe toujours mène
» à sa suite, marchant la nuit, devait prendre un
» col qui lui était connu, un chemin facile.

» Mais il faut, dans les montagnes (c'est un prin-
» cipe posé par tous les écrivains), se défier des
» passages réputés impraticables. Il ne pouvait pas-
» ser que par ce chemin avec son convoi, mais il
» pouvait passer partout ailleurs avec sa cavalerie.
» Les Marocains étaient à cinq lieues au nord; j'é-
» tais à deux lieues au sud. Savez-vous ce qui était
» cerné, compromis? C'était son convoi; mais ses
» cavaliers et lui pouvaient passer comme ils vou-
» laient.

» Au lieu de faire un mouvement avec ma co-
» lonne, de donner l'éveil aux populations voisi-
» nes, et par suite à l'ennemi, j'envoyai quelques
» cavaliers, comme dit mon rapport, déguisés avec
» des vêtements d'Arabes de la frontière; ils arri-
» vent au col sans être aperçus; lorsque l'heure
» fut venue où je n'avais plus la crainte de donner,
» en temps utile, l'éveil à Abd-el-Kader, à deux
» heures du matin, je partis.

» J'avais à peine fait une lieue que je fus pré-

» venu que mes coureurs étaient engagés; j'arrivai
» en toute hâte : on avait parlementé. Vous savez
» le reste.

» Il fallait continuer, a-t-on dit, au lieu de par-
» lementer. Savez-vous ce que j'aurais pris, si j'a-
» vais continué? J'aurais pris le convoi; j'aurais fait
» une razzia de plus; je vous aurais rendu compte
» que j'aurais pris la tente d'Abd-el-Kader, son
» tapis, une de ses femmes, peut-être un de ses
» khalifas (On rit); mais lui, avec ses cavaliers, il
» serait parti pour le désert.

» Mais il y avait encore une autre considération
» qui me rendait ce parti grave. J'étais sur le ter-
» ritoire du Maroc; l'armée marocaine était à six
» lieues; nous étions, sans doute, en très-bonnes
» relations avec les Marocains, mais, enfin, il y
» avait des gens très-fanatiques dans l'armée ma-
» rocaine; une collision pouvait survenir. Je n'ai
» pas besoin d'expliquer les embarras qui pou-
» vaient en être la suite. (Très-bien! très-bien!)

» Ici, vient une autre objection : Abd-el-Kader
» ne pouvait donc s'échapper qu'avec quelques ca-
» valiers; il serait arrivé presque seul au désert.
» N'ayant plus sa Deïra, vous n'aviez rien à crain-
» dre, et il valait mieux qu'il fût là qu'à Alexan-
» drie.

» Je répondrai d'abord que, s'il est mieux dans
» le désert qu'à Alexandrie, il est toujours temps

7

» de l'y envoyer; il ne demandera pas mieux. (On
» rit sur tous les bancs.)

» Mais Abd-el-Kader seul, dépouillé, abandonné
» de son monde, n'ayant avec lui que quelques ca-
» valiers dévoués, nous l'avons déjà vu dans le dé-
» sert, et tout le monde sait ce qu'il y a fait.

» Il y a encore des personnes qui admettent les
» explications que je viens de donner, mais qui,
» avec un pessimisme incroyable, disent : C'est
» égal, c'est fâcheux qu'on n'ait pas pris Abd-el-
» Kader.

» Eh bien! si on l'avait pris, le fait matériel se-
» rait plus net, plus simple, plus grand si vous le
» voulez; mais, permettez-moi de le dire, l'effet
» moral serait moindre, etc. »

— M. de Larochejacquelin : « Beaucoup de per-
» sonnes ont été frappées de la différence qu'il y a
» entre les engagements pris par le gouverneur
» général de l'Algérie, Mgr le duc d'Aumale, et la
» conduite que le gouvernement tient aujourd'hui.

» Abd-el-Kader s'est rendu à la France, et cer-
» tes c'est un des événements les plus importants
» qui puissent arriver, comme vient de le dire M.
» le général de La Moricière, lorsqu'il s'est rendu
» et n'a pas été pris.

» Un engagement d'honneur a été pris par l'ho-
» norable général de La Moricière; cet engagement
» a été ratifié par S. A. R. Mgr le duc d'Aumale.

» Eh bien! Messieurs, lorsque cet engagement
» d'honneur a été pris par M. le général de La Mo-
» ricière et par M⁅ʳ⁆ le duc d'Aumale, comment se
» fait-il que le gouvernement maintenant retienne
» prisonnier Abd-el-Kader, qu'il le mette dans un
» fort, et nous laisse dans cette incertitude de voir
» si la parole de la France sera sacrée ou si elle
» ne le sera pas (e)?

» Pour moi, je suis convaincu qu'il n'y a qu'à ga-
» gner à ce que la parole une fois donnée soit main-
» tenue.

» Il peut y avoir des raisons d'État, que nous ne
» connaissons pas, qui fassent hésiter; mais j'aime-
» rais mieux que la parole donnée fût déjà tenue.

» Enfin, s'il y a des raisons d'État qui doivent
» vous arrêter, et qui ne m'arrêteraient pas, moi,
» au moins convient-il que nous le sachions. » (Approbation.)

En fait d'honneur et de patriotisme, pourriez-
vous désirer un meilleur juge?

M. Guizot remonte à la tribune, et conclut par
une promesse formelle, identiquement semblable à
celle que nous rapportions au commencement de
ces extraits; et, sans nul doute, selon nous, il y
a déjà longtemps qu'elle serait accomplie, sans les
événements du 24 février 1848 et leurs suites.

DERNIER CHAPITRE.

Esquisse du portrait d'Abd-el-Kader.

—

Je trouve, dans une relation écrite sous la dic-
tée d'un homme qui a passé deux années de sa vie
dans le camp de l'Émir, le portrait suivant d'Abd-
el-Kader, au physique et au moral; j'essaierai de
le compléter, persuadé que je ne saurais ieux
faire, à cause de son exactitude remarquable. C'é-
tait en 1845.

« Abd-el-Kader a trente-sept ans; sa physiono-
» mie se distingue par un air de douceur mélanco-
» lique, et le sentiment qui y domine est d'une na-
» ture toute religieuse. Sa figure a quelque chose
» d'ascétique, qui rappelle les têtes des moines du
» moyen âge, de ces moines guerriers, plus amis
» du tumulte des camps que de la tranquillité des
» cloîtres. Le costume arabe, peu éloigné, dans sa
» forme et dans son ensemble, du vêtement des
» moines, rend cette ressemblance encore plus
» frappante. Abd-el-Kader a le front large, la fi-
» gure ovale, petite et fort pâle; ses yeux sont

» doux et fort beaux : il les tient le plus souvent
» baissés; mais souvent aussi leur mobilité expres-
» sive contraste avec l'immobilité habituelle de sa
» physionomie. Sa barbe est noire et peu fournie.
» Il porte sur le front une petite marque de tatoua-
» ge, entre les yeux, à la manière des Hachem.
» Ce tatouage, en forme de losange, est bleu clair,
» et peu visible.

» Abd-el-Kader est petit de taille, mais bien
» proportionné; ses épaules sont un peu voûtées,
» et il a le défaut, commun aux Arabes de médio-
» cre stature, de porter sa tête trop en avant, par
» la nécessité de résister à l'action des burnous,
» dont les lourds capuchons, pendants sur le dos,
» tendent à la rejeter en arrière. Son haïk est re-
» tenu, suivant l'usage, au sommet de la tête, par
» une corde en poils de chameau. Ses mains, qui
» sont fines et blanches, tiennent presque toujours
» un chapelet, dont il se sert, comme tous les Mu-
» sulmans, pour réciter ses prières.

» L'élocution d'Abd-el-Kader est vive et facile,
» sa voix assez caverneuse et monotone, son débit
» extrêmement saccadé. Il emploie souvent une lo-
» cution très-usitée parmi les Arabes : *In ch'Alla,*
» *s'il plaît à Dieu.* Du reste, sa piété est sincère
» et ardente. Il est sobre dans ses goûts, austère
» dans ses mœurs, et simple dans ses vêtements.
» Il est aimé et respecté de ses soldats, dont il par-

» tage toutes les fatigues, et à qui il donne l'exem-
» ple de toutes les vertus guerrières; sa bravoure
» est incontestée, etc. »

Et ailleurs : « La *volonté* forme évidemment le
» fond du caractère d'Abd-el-Kader. La lutte qu'il
» soutient, depuis quinze ans, contre la France lui
» a permis de manifester, au plus haut degré, l'*é-*
» *nergie* dans l'action, la *constance* dans les efforts,
» la *fermeté* dans les revers, qui distinguent les
» hommes prédestinés au commandement.

» C'est un spectacle qui élève l'âme et contriste
» le cœur, que cette résistance d'un jeune *barbare*,
» qui, sans autres ressources que son génie, s'ef-
» force de repousser, sans se décourager jamais,
» la domination étrangère et les armées discipli-
» nées d'une grande nation. Supposez, pour un mo-
» ment, qu'au lieu de commander à des barbares,
» Abd-el-Kader, né au milieu de la civilisation eu-
» ropéenne, eût été appelé à diriger vers la guerre
» le génie particulier et le courage intelligent d'un
» grand peuple.... Qui pourrait dire où se serait
» arrêté l'essor de cet esprit si puissant et si infa-
» tigable? Quelle autorité n'aurait-il point exer-
» cée? quelle impulsion n'aurait-il pas donnée?

» Disons-le, cependant, rien n'indique que le
» jeune chef aurait eu le goût effréné des conquê-
» tes, qui entraîne d'ordinaire les grands capitai-
» nes. Tout, au contraire, semble révéler en lui

» l'esprit créateur et organisateur. Voyez avec
» quelle promptitude il a su s'approprier les arts
» utiles, la science et l'industrie de son ennemi. Au
» milieu des préoccupations de la guerre, il a fondé
» des villes, créé tout un système de gouverne-
» ment, établi des lois, discipliné tout un peuple,
» ramené à l'unité des peuplades éparses, divisées
» d'intérêt, et souvent ennemies. Il a jeté les fon-
» dements d'un empire, tout en livrant des batail-
» les, et semé, pour ainsi dire, en courant, les ger-
» mes d'une nationalité nouvelle sur un sol labouré
» par les boulets de la civilisation !

   » Organisateur et guerrier, ces deux mots, qui
» résument tout le génie de Napoléon et de tous
» les grands chefs de peuples, s'appliquent avec
» non moins de justesse, toutes proportions gar-
» dées, au nom du jeune et brillant Sultan des Ara-
» bes. Changez les circonstances, agrandissez le
» théâtre, et vous aurez des résultats non moins
» admirables.

   » Au surplus, ces deux grandes qualités qui for-
» ment, pour ainsi dire, le caractère extérieur des
» fondateurs ou des maîtres des peuples, ne sont
» pas les seuls traits de ressemblance qui existent
» entre l'immortel capitaine et Abd-el-Kader.

   » A l'exemple de Napoléon, Abd-el-Kader est
» *religieux, tempérant, simple* dans ses vêtements,
» *actif, courageux* et toujours *maître de lui-même.*

» Sincère, esclave de sa parole, la perfidie et le
» mensonge ont seuls le pouvoir d'exciter sa co-
» lère.

» Comme Napoléon, il est dévoué à sa famille;
» il exerce une sorte de fascination sur tous ceux
» qui l'approchent. Sa *continence*, prodigieuse chez
» les mahométans, serait encore digne d'éloges
» dans plus d'un prince chrétien; enfin, pour der-
» nier trait de ressemblance, Abd-el-Kader témoi-
» gne pour sa mère une *tendresse* et une *vénération*
» presque religieuses. »

De la plupart de ces détails, j'ai entre les mains
une foule d'irrécusables témoignages; et, si j'ose
compléter ce portrait non flatté, je ne suis embarrassé que d'une crainte, celle de paraître *fas*
moi-même au point de ne pouvoir plus sainement
juger de ce que j'ai pourtant vu, et entendu, et e
me touché de mes mains, il y a trois semaine
peine.

Cependant, je reprends brièvement et achève.
Sa fermeté, son énergie, sa consu.. e, son habi-
leté politique, sa bravoure, son   ¨vité, son patriotisme, il en a donné trop d'éclatants témoignages pour avoir besoin de m'y arrêter.

Mais, venez, entrez avec moi sous ces longues
voûtes, pénétrons jusque dans son intérieur le plus
intime, asseyons-nous à son foyer, à sa table, con-
versons avec ceux qui partagent sa vie.

N'êtes-vous pas frappé, dès l'abord, de cette noble et antique simplicité?

Ces vêtements si peu recherchés, mais d'une exquise propreté, ne diffèrent en rien de ceux qu'il ne cessa de porter, même au temps de sa plus haute fortune. Un jour, l'un de ses frères s'étant présenté devant lui avec le burnous aux glands d'or des chefs arabes, Abd-el-Kader, sans lui dire une seule parole, prit son yatagan et coupa successivement chacun de ces brillants ornements. Mais, voyez plutôt celui de ces manteaux du désert qu'il jeta sur mes épaules au moment de notre séparation sur l'Océan : n'en avait-il pas retranché même les humbles glands de soie qui le décoraient?

Demandez à ses serviteurs de quels aliments il se nourrit; acceptez sa gracieuse invitation, ce repas d'ami auquel, suivant son expression, l'affection avec laquelle il vous l'offre donnera nécessairement quelque saveur, et vous serez étonné qu'à pareil régime sa santé se puisse soutenir.

« Au camp et durant la guerre, disait un de ceux
» qui l'ont le plus accompagné, au douar même,
» ses repas étaient d'une frugalité exemplaire mê-
» me chez les Arabes, dont la frugalité est prover-
» biale. Le matin, Abd-el-Kader prenait une tasse
» de café à l'eau. Son premier repas avait lieu à
» midi, et consistait en galette de farine de blé,
» en beurre et en fruits secs, dattes ou raisins. Le

» second repas avait lieu vers huit heures du soir,
» un peu avant la cinquième et dernière prière du
» jour; il se composait d'un seul plat, du mets na-
» tional, le couscoussou. Lorsqu'il invitait quel-
» qu'un à sa table, elle n'en était ni plus abondante
» ni plus recherchée. Si quelqu'un de ses khalifas
» lui envoyait, selon la coutume arabe, un mets
» plus exquis, l'Émir se contentait d'y goûter pour
» ne point offenser celui qui le lui avait envoyé;
» mais il se hâtait de le faire passer aux assistants.
» Souvent, après une marche forcée dans le dé-
» sert, on l'a vu se contenter, pour la nourriture
» de tout un jour, d'une poignée de grains de
» blé. »

Sa conversation est pleine de gravité, de finesse, d'à-propos, de grâce et de douceur; c'est bien
le miroir de son âme, et le vase épanché dont les
parfums embaument longtemps après; et, mieux
que personne, il mérite qu'on lui applique ces grâ-
cieuses paroles sorties de sa bouche à la fin d'un
de nos derniers entretiens.

Il possède une instruction remarquable, mais
surtout un tact parfait.... « Je suis désolé du froid
» de notre beau pays », lui disait, lors de sa première visite, l'hospitalier prélat que Tours se glo-
rifie justement d'avoir pour premier pasteur, en le
plaignant de ce qu'il aurait à en souffrir. — « Il est
» vrai, lui répondit l'Émir, que le climat semble

» bien froid; mais votre accueil est si chaud, que
» j'en oublie volontiers la rigueur. »

« J'avais, et tous les miens avec moi, votre ima-
» ge chérie empreinte au fond du cœur : elle ne
» s'en effacera jamais; cependant nous avons été
» ravis de pouvoir l'avoir sans cesse sous nos
» yeux », me disait-il au château d'Amboise, en
me montrant certain portrait que j'avais été fort
étonné d'y trouver.

« Vous allez donc me quitter! Comme les jours
» se sont vite enfuis pour moi!... Mais vous revien-
» drez? Ah! revenez bientôt, car, sachez-le bien,
» mon cœur n'est pas rassasié. Chaque jour, mon
» oreille était aux aguets pour entendre d'avance
» le bruit ami de vos pas vers mon humble de-
» meure.

» La pierre de votre anneau m'avait frappé par
» son éclat; mais j'avais aussitôt compris qu'elle ne
» pouvait pas être d'un bien grand prix : un hom-
» me religieux, comme vous devez l'être, ne por-
» terait certainement pas à son doigt le prix du
» pain de tant de pauvres. »

Mais ce qui m'a peut-être donné la plus complète idée de ce tact, de cette finesse d'esprit et
de ce jugement de l'Émir, c'est la réception, si remarquable d'ailleurs, qui lui fut faite à Bordeaux,
au mois de novembre, et la longue présentation
qui lui permit, le lendemain, d'accueillir, à son

tour, toute sorte de personnes empressées de lui
offrir les hommages de leur sympathie. Pendant
plus de six heures de suite, il ne cessa de dire à
chacune quelques paroles caractéristiques; et je ne
sache pas qu'on en ait eu une seule à lui reprocher
comme peu convenable ou inutile. N'oubliez pas
que c'était la première fois qu'il recevait de la sorte. Avant d'en recueillir ici quelques-unes des plus
diverses, je dois déclarer que je n'en entendis jamais citer qui ne fussent dignes de leur être ajou-
tées.

« Je serai bien reçu à Bordeaux, me disait-il en
» y arrivant, car c'est votre pays. »

M. de Sèze, représentant du peuple, lui parle
du général de La Moricière, de ce qu'il lui a entendu dire, peu de jours auparavant, à son sujet;
il lui propose de se charger de plaider sa cause
auprès de lui, et d'être, au besoin, son avocat à
Paris. — « Je vous remercie, lui repart Abd-el-
» Kader, et j'accepte; pour le talent, je ne saurais
» d'ailleurs mieux choisir, et pour le cœur, n'êtes-
» vous pas l'ami de celui qui vous accompagne? »
C'était l'ancien évêque d'Alger.

Et comme l'illustre avocat insistait, en lui racontant avec quelle chaleur le noble guerrier s'ex-
primait sur son compte : — « Je crois vraiment,
» ajoute-t-il, qu'il y a un foyer d'affection pour
» moi dans son cœur; toutefois que cela ne vous

» empêche pas d'y mettre du bois de temps en
» temps. »

Un instant après, c'est le colonel, à la tête de
son état-major. — « Merci, mon colonel; je suis
» on ne peut plus touché de votre visite et de celle
» de vos braves. Vous m'avez vaillamment com-
» battu en Afrique, et vous m'avez vaincu : j'ado-
» re les desseins de Dieu.... Mais votre démarche
» me prouve que vous croyez qu'à mon tour j'ai
» combattu comme je le devais : vous êtes d'ex-
» cellents juges et je vous remercie de nouveau.
» Après tout, et sans prétendre faire allusion à au-
» cun d'entre vous, je dois avoir dans l'armée fran-
» çaise plus d'un officier qui me garde quelque re-
» connaissance; car, sans moi, plus d'un colonel
» serait peut-être encore capitaine, et plus d'un
» général, colonel. » Et tous souriaient avec lui.

« Je comprends à merveille (il parle à deux évê-
» ques) pourquoi vous n'avez pu m'accompagner,
» hier au soir, au théâtre. C'était fort beau comme
» coup-d'œil; mais, à la vue de ce mélange d'hom-
» mes et de femmes parés, de certaines de ces pa-
» rures et de ces danses, j'ai bien vite senti qu'un
» homme de prières était, ou du moins y eût été
» déplacé. »

« Je ne m'irrite pas (il parle à un homme politi-
» que) des douloureux retards apportés à l'exécu-
» tion de la convention conclue entre le général de

» La Moricière et moi. Je sais bien que, dans la po-
» sition où est la France, il y aurait de ma part
» indiscrétion et inopportunité de trop insister en
» ce moment : je demande seulement à ne pas être
» trop longtemps oublié. »

Et à un autre : « Ce serait un grand malheur
» pour l'Algérie, si, aujourd'hui, l'armée française
» l'évacuait : demain, chaque tente se jetterait sur
» sa voisine et sur sa sœur. »

Un magnifique bouquet lui était offert pour sa
mère par plusieurs mains amies : « En le voyant,
» en respirant les parfums de tant de fleurs char—
» mantes, il me semblait voir comme un symbole
» des qualités de vos cœurs, et en goûter la suave
» odeur. »

A un ecclésiastique et à un militaire : « J'aime
» par-dessus tout la visite d'hommes comme vous,
» parce que je suis bien sûr que ce sont des âmes
» dévouées et de généreux cœurs, etc. »

Faut-il parler de ses miséricordieux penchants
déjà connus par sa manière de traiter ses prisonniers, j'allais dire de son humilité, de sa charité?
Mais vous n'avez pas oublié ce que m'en écrivait
le colonel Daumas. Plusieurs fois je lui entendis ré-
péter : « Qu'on se plaisait à relever le peu de bon-
» nes qualités qu'il tenait de la faveur du ciel, et
» qu'il regrettait alors davantage qu'un ami vérita-
» ble ne lui parlât point de ses défauts bien plus

» nombreux. » Jamais vous ne l'entendriez, au surplus, vous entretenir de lui-même, et, dans la mo-
destie de sa conversation, vous ne soupçonneriez
point assurément cet héroïque caractère.

En quittant Bordeaux, l'un de ses regrets les plus
vifs était de ne pouvoir rien laisser aux pauvres en
souvenir de son passage et de l'émouvante hos-
pitalité bordelaise ; mais, pauvre lui-même, il
ne pouvait que compâtir de cœur à leurs souffrances.

« Vous ne pouvez point, par votre état, avoir de
» famille, me disait-il ; mais je sens que par l'affec-
» tion que vous portez à ceux qui vous implorent,
» et par leur tendre et filial retour, vous devez
» trouver dans vos célestes rapports avec eux com-
» me une divine compensation. »

Quant à sa chasteté, elle étonne et confond par
moments dans un disciple du Prophète ; son franc
amour de la vérité ne surprend pas moins dans un
Arabe.

Mais, ses vertus domestiques, son esprit de justice, de bonté, de tolerance religieuse même, le
soin qu'il prend de l'éducation de ses enfants, auxquels il consacre tous les instants qu'il ne donne
pas à la prière et à l'étude, le cèdent encore à sa
piété filiale si profonde, si respectueuse, si tendre,
si empressée, et dont il est impossible de ne pas
être attendri jusqu'aux larmes, lorsque l'occasion

d'en être témoin ou de lui en entendre parler se présente dans cette douce intimité de vie.

Ah! si vous demeuriez plus longtemps dans le vieux manoir, dans ses solitaires jardins, vous vous croiriez plutôt au sein d'une seule famille, dans quelque monastère, que parmi de sauvages Africains, et au milieu des infortunés débris de la Deïra d'Abd-el-Kader.

Il est généreux, reconnaissant, facile à pardonner, d'une piété sans affectation, beaucoup plus rapprochée de la vérité qu'aucuns ne soupçonnent peut-être.

Mais, c'est plus qu'assez; si je savais maintenant ses défauts vrais, non ceux qui lui furent faussement imputés à une autre époque, et auxquels nul ne croit désormais sérieusement parmi les hommes distingués qui l'entourent, je les mêlerais à ces récits.

Je les termine ici, trop tôt néanmoins à mon gré, parce que je ne saurais vraiment quelles couleurs différentes leur donner, à moins que je ne revinsse avec vous sur les premières années de son élévation au commandement suprême, sur certaines aventures de sa jeunesse, racontées par plus d'un romancier... Mais, je n'ai pas assez de confiance en de romanesques narrateurs, trouvés trop souvent en défaut sur des détails fort connus, et ce n'est pas à leur façon que j'ai prétendu vous intéresser et vous plaire.

J'aime mieux ajouter que sa mère vénérée et sa femme chérie, celle que tous appellent encore la Sultane, méritent jusqu'à cette pieuse exagération les touchants témoignages qu'il leur prodigue; et plus d'une noble dame, qui les ont beaucoup vues et connues au château d'Henri IV, veulent que je vous dise, de leur part, que *Lella Zohrah* et *Lella Khira* sont bien comme femmes ce qu'Abd-el-Kader est lui-même comme homme; je regrette de n'avoir pas la permission de joindre leurs gracieuses lettres à ces trop imparfaites esquisses.

J'ai cité, au commencement de ce dernier chapitre, un singulier parallèle. Pour le compléter, je devrais dire que, comme autrefois Napoléon, l'É-mir Abd-el-Kader est aujourd'hui captif.

Mais quel est celui qui, après m'avoir lu attentivement, ne s'écrierait avec moi, surtout en se rappelant ma dédicace : « Oui, sans doute, Abd-el-Kader est aujourd'hui prisonnier, comme au-
» trefois l'immortel guerrier; mais il ne le sera pas
» toujours, il ne le sera pas longtemps, car ce n'est
» pas de l'Angleterre qu'il est le captif, et son sort
» est désormais entre les mains de Louis-Napo-
» léon? »

FIN.

8

NOTES IMPORTANTES.

(*a*) Je ne me suis peut-être pas suffisamment expliqué; j'aurais dû dire seulement que, de la confrontation atten-tive et consciencieuse de tous les documents que j'ai con-sultés, et certes le nombre n'en est pas peu considérable, il est résulté pour moi la conviction que la trève dont il s'agit n'était évidemment pas destinée à durer longtemps, et que les instructions données à nos généraux tendaient toutes à en amener peu à peu la désirable rupture, à pro-fiter de toutes les occasions favorables de l'interpréter à l'avantage de la France, afin d'en réparer l'inopportune conclusion.

De son côté, l'Émir était impatient, il en faut convenir, d'étendre son autorité sur le plus grand nombre possible de ses compatriotes et de ses coreligionnaires; à la rigueur, on pouvait même lui reprocher de ne pas assez respecter certaines clauses de l'équivoque convention qu'il enten-dait, lui aussi, à sa manière.

Mais, à proprement parler, je croirais que ce ne fut pas Abd-el-Kader qui prit le premier ouvertement les armes; je n'accuserais ve'   s aucun des deux partis en présen-ce : ce fut plutôt, ce me semble, ' conséquence forcée de la situation faite à tous par la trève elle-même; et, vrai-ment, ce ne serait pas cette circonstance qui me ferait re-garder l'Émir comme un coupable infracteur de la parole donnée, surtout en consultant les stipulations secrètes du traité.

(*b*) Il paraîtrait que certaines clauses nouvelles avaient été peu auparavant stipulées avec Miloud Ben-Arrach à Alger même; or, plus encore que pour le traité du général Des Michels, les gouverneurs français devaient préparer et amener peu à peu, loyalement cependant, cet important résultat politique, le traité de la Tafna n'étant guère considéré que comme provisoire, et dans le but de favoriser la conquête de Constantine, en pacifiant la province d'Oran.

L'Émir s'était réservé, à ce qu'il paraît, l'examen et la ratification de tout ce que pourrait faire ? 'loud Ben-Arrach, improvisé en ambassadeur extraordina-'' et en diplomate..... Mais, à cause du siège lointain d' 'n-Maddhy, en grande partie, ou par tout autre motif, il '' certain qu'il n'avait pas encore confirmé et ratifié ces c'' es désagréables et fort embarrassantes pour lui. '''

Cependant, le vieux maréchal, pour en finir et dessiner plus nettement sa position, tenta sa fameuse expédition des Portes-de-Fer; c'était bien ne pas tenir tout à fait compte du traité primitif, et regarder par le fait, comme ratifiées, celles de ces nouvelles stipulations qui pourtant ne l'étaient réellement pas encore.

Abd-el-Kader le comprit, demanda des explications, n'en reçut que d'assez dures et fières, insista, fut débordé par ses khalifas irrités, et sur la menace de recommencer quand il plairait au gouverneur général, menace regardée par l'Émir, et par eux, comme l'égale de la violation du traité ou d'une déclaration de guerre, ces déplorables hostilités éclatèrent.

Il affirme avoir loyalement averti que, puisqu'il y était contraint, il allait agir, et que, désormais, il ne se croirait pas plus engagé vis-à-vis de nous, que nous ne prétendions l'être vis-à-vis de lui; mais était-ce positivement de sa part manquer à la foi jurée?

Sur tout ceci, et, principalement, à l'égard d'Abd-el-

Kader, on a, dans le temps, ou depuis, assuré une multitude de choses, acceptées de tous comme autant de vé-
rités, et qui peu à peu sont mieux comprises, s'éclaircis-
sent chaque jour, et finiront certainement par laisser apercevoir, dans tout son remarquable ensemble, le caractère
de l'Émir et ce qu'il fut toujours en réalité, malgré les quelques ombres dont il n'est peut-être pas une existence sur
terre qui ne soit parfois obscurcie.

(c) « A quat   lieues environ de Saïda, aux pieds d'une
» colline à pe   douce, vous apercevez Cachereau. Ces
» deux petite   onstructions blanches, arrondies en dôme,
» placées à   centaine de pas l'une de l'autre, et qui
» semblent   ser sur la croupe inclinée de la montagne,
» sont les tombeaux des deux marabouts des Hachem. C'est
» un lieu de pèlerinage et de dévotion pour tous les habi-
» tants de la plaine d'Égris.
» Celui qui leur avait succédé n'était autre que le père
» d'Abd-el-Kader; car, c'est non loin des fontaines et des
» ombrages de Cachereau qu'est né ce personnage fameux,
» etc. » *(Extrait d'une sorte de journal de séjour en Algérie).*

(d) « La civilisation a vaincu peu à peu celui que la force
» des armes n'a pu encore soumettre. (Ceci est écrit en
» 1844, par un témoin oculaire, déjà plusieurs fois cité.)
» Sans s'en apercevoir, et comme malgré lui-même, il a
» pris, chaque jour, quelque chose des mœurs de ses en-
» nemis. Son caractère est adouci par le contact. Doué
» des plus nobles instincts et d'une générosité naturelle,
» il a compris que l'humanité aussi était une vertu devant
» laquelle la loi de la nécessité seule devait fléchir quel-
» quefois.

» Générosité, humanité, clémence, fidélité, ces vertus
» presque inconnues jusqu'alors chez les Arabes, et pros-
» crites par le Coran à l'égard des Infidèles, Abd-el-Kader
» les a pratiquées souvent envers ses ennemis, et leur en
» a donné, plus d'une fois, d'éclatants exemples.

» Depuis plusieurs années, grâce à lui, les soldats fran-
» çais, tombés entre les mains des Arabes, ne sont plus
» égorgés; une loi sévère commande le respect et les plus
» grands soins pour les prisonniers. On sait qu'autrefois
» il était accordé une certaine somme pour chaque tête de
» Français rapportée dans le camp arabe : Abd-el-Kader
» supprima cette odieuse prime.

» C'était en 1840 : Abd-el-Kader, après avoir longtemps
» hésité, dans la crainte de mécontenter les populations
» fanatiques, se décida, vers ce même temps, à convo-
» quer un conseil formé de tous les khalifas et des princi-
» paux chefs des tribus.

» L'Émir prit pour texte de son discours un article de
» l'Alcoran, où Mahomet a blâmé son beau-frère, Seidna-
» Aly, *pour avoir tué cinq cents Infidèles*, après les avoir
» vaincus.

» Faisant alors l'application de ce passage aux soldats
» français, Abd-el-Kader insista vivement auprès de son
» conseil pour qu'ils ne fussent plus massacrés, et pour
» que tout Français, tombé vivant entre les mains des Ara-
» bes, fût regardé comme prisonnier, afin que l'échange
» pût en être fait dans l'occasion. »

— C'est au commencement de ses nouvelles relations
avec l'évêque d'Alger. — « Ce projet ayant enfin obtenu la
» majorité des suffrages dans le conseil, il fut décidé im-
» médiatement qu'un arrêté serait rédigé en conséquence,
» et publié, sans retard, dans toutes les tribus et sur tous
» les marchés.

» Il ordonnait que tout Arabe qui amènerait vivant un
» soldat français ou chrétien recevrait pour récompense
» la somme de huit douros, et dix douros pour une fem-
» me. »

Il y était dit, en outre : « que tout Arabe qui avait un
» Français en sa possession était tenu de le bien traiter, et
» de le conduire, le plus promptement possible, soit au-
» près du khalifa le plus voisin, soit devant le Sultan lui-
» même, afin de recevoir la récompense promise.

» Dans le cas où le prisonnier se plaindrait d'avoir été
» maltraité, l'Arabe n'aurait droit à aucune récom-
» pense.

» Donc, depuis ce temps, les Français n'ont plus eu à
» redouter de tomber vivants entre les mains des Arabes,
» au moins autant que naguère, et les prisonniers se sont
» vus traités avec humanité.

» Les Arabes étant, en général, fort avides d'argent,
» mettent aujourd'hui tous leurs soins à amener leurs pri-
» sonniers vivants auprès des khalifas, les faisant même
» monter parfois sur leurs propres chevaux pour les sou-
» lager. A son arrivée, le prisonnier subit un interroga-
» toire. On lui demande à quel corps de troupes il appar-
» tient, s'il a été bien ou mal traité depuis qu'il est au pou-
» voir des Arabes. Après que ses déclarations ont été re-
» çues et enregistrées, il est conduit à l'un des dépôts qui
» lui a été assigné. Si c'est un homme, il est envoyé d'or-
» dinaire à Tegdempt ou à Thaza. — Du moins il en était
» ainsi avant leur destruction. — Si c'est une femme, elle
» est aussitôt expédiée à la smalah du Sultan, pour y être
» placée sous la direction de la mère de ce dernier. » J'a-
brége à regret.

Or, vous savez quel soin celle-ci en prenait. La petite
fille qui fut renvoyée avec le troupeau de chèvres, n'avait

pas cessé, me disait-elle, de coucher sur une natte, aux pieds même de cette femme vénérable.

Le capitaine Morisot, me racontant une foule de détails relatifs à la façon dont les prisonniers de l'Émir étaient traités, me disait qu'on en avait tellement soin, là où il se trouvait lui-même, que le khalifa l'avait nommé *leur commandant*, afin de veiller lui-même à ce qu'ils fussent le moins mal possible, et qu'un jour où, durant la nuit précédente, ils avaient volé tous les oignons des jardins du khalifa, ce dernier lui dit expressément : « Tu vois bien » que, s'ils commettent de nouveau quelque action pareil- » le, je ne pourrai plus contenir mes gens, et que force » sera de les punir. »

(*e*) Je lis dans le *Moniteur algérien* du 29 décembre 1847 : « Les hésitations de l'Émir furent longues; *il lui* » *était encore possible de tenter la fortune dans le sud....* » Il était onze heures du soir, et le lieutenant-général était » rentré dans son camp, lorsque le lieutenant Ben-Krouïa » revint, porteur cette fois d'une lettre dans laquelle l'É- » mir sollicitait *une parole française* (c'était son expres- » sion) pour se livrer sans défiance, et se résigner à sa » destinée.

» L'engagement qu'il réclamait fut pris immédiatement » par M. le lieutenant-général de La Moricière, et le ren- » dez-vous convenu pour le lendemain, 23, au marabout » de Sidi-Brahim.

» Après un instant de silence, au moment où l'Émir fut » présenté à S. A. R. Mgr. le gouverneur général, à Ne- » mours (D'Jemma-Ghazouat), il prononça les paroles » suivantes :

« — J'aurais voulu faire plus tôt ce que je fais aujour- » d'hui; j'ai attendu l'heure marquée par Dieu.

» Le général m'a donné une parole sur laquelle je me
» suis fié : je ne crains pas qu'elle soit violée par le fils
» d'un grand Roi comme celui des Français [1]. »

» S. A. R. confirma, par quelques paroles simples et
» précises, la parole de son lieutenant, et congédia avec
» dignité ce personnage envers lequel doivent se taire dé-
» sormais les passions des premiers temps de sa longue
» lutte. »

Même à cette époque, cependant, plus d'un de ses con-
temporains lui rendirent justice, et, comme dernier gage
de cette consolante assertion, je veux transcrire ici la page
suivante, copiée textuellement sur un document digne de
foi; elle date déjà de 1842.

Ce ne sera guère, il est vrai, qu'une répétition d'une
partie du dernier chapitre; mais ces portraits, ces descrip-
tions de tant de pinceaux divers, me paraissent devoir
faire enfin croire sans hésitation à la vérité de l'ensemble :

« Du sein de son palais de briques et de boue, à Masca-
» ra, n'ayant pour le servir que quelques esclaves nègres,
» vêtu aussi simplement que le dernier de ses cavaliers,
» il rêvait la restauration d'un empire arabe. La présence
» des Français à Alger, loin de contrarier ses projets, les
» servait, au contraire, en lui permettant de réunir toutes
» les tribus de l'Atlas pour la défense commune, et de leur
» imposer sa domination au nom de l'indépendance afri-
» caine; aussi, dès qu'il fut investi du pouvoir, il ne per-
» dit aucune occasion d'accroître sa popularité et son im-
» portance militaire.

» Nous aurons bientôt l'occasion de raconter ses luttes
» contre les Français, à mesure que les événements se dé-
» rouleront dans leur ordre chronologique; mais nous de-

[1] Il avait demandé à être conduit avec sa famille en Égypte ou en Syrie.

» vous ici donner quelques détails sur la physionomie, le
» caractère, les mœurs, les habitudes, la vie de cet Ara-
» be, le premier parmi les siens.

» Abd-el-Kader est d'une taille médiocre ; il a peu d'em-
» bonpoint ; ses traits sont nobles et délicats ; ses yeux sont
» beaux et pleins d'expression ; sa barbe est rare et noire.
» Son port, ses gestes, son regard incessamment tourné
» vers le ciel, tout indique en lui un apôtre, un homme
» profondément ascétique. Il parle peu, et regarde rare-
» ment les gens avec lesquels il confère. Ses mains, qui
» sont belles, ne quittent jamais un chapelet ; il ne porte
» aux doigts ni diamants, ni bijoux, et n'a aucun signe de
» luxe extérieur. Il porte la tête un peu. penchée sur l'é-
» paule gauche ; ses manières sont affectueuses et pleines
» de politesse et de dignité. Il se livre rarement à la colè-
» re, et reste toujours maître de lui ; toute sa personne est
» séduisante ; il est difficile de le connaître sans l'aimer.

» Abd-el-Kader est d'une grande bravoure ; cependant
» son esprit est plus organisateur que militaire. Quoique
» son âme soit fortement trempée, dans les circonstances
» pénibles où il s'est souvent trouvé, il a eu quelques mo-
» ments d'abattement. Ses mœurs sont pures mais rigides ;
» il n'a qu'une femme, qu'il aime tendrement. Sa famille
» se compose d'une fille de dix ans, et d'un fils qui est né
» peu de jours avant l'entrée des Français à Mascara. Lors-
» qu'il était dans cette ville, il habitait, avec sa famille,
» une assez belle maison, mais qui n'était point le palais.
» Il y vivait sans gardes et en simple particulier. Chaque
» jour, d'assez bonne heure, il se rendait au siége du Bey-
» lick, pour y vaquer aux soins de l'administration, et y
» donner ses audiences. Le soir, il rentrait dans sa maison,
» où il redevenait homme privé.

» Abd-el-Kader est toujours vêtu très-simplement ; son

» costume est celui d'un pur Arabe, sans aucune espèce
» d'ornement ni de marque de dignité; il ne déploie quel-
» que luxe que pour les armes et les chevaux. Il a eu pen-
» dant quelque temps un burnous dont les glands étaient
» d'or; il les coupa, voici à quelle occasion : Un de ses
» beaux-frères, qu'il avait nommé kaïd d'une puissante
» tribu, afficha dans cette position un faste qui fit mur-
» murer. Il le manda, et, après lui avoir reproché sa con-
» duite, il ajouta : « Prenez exemple sur moi; je suis plus
» riche et plus puissant que vous, voyez cependant comme
» je suis vêtu; je ne veux pas même conserver ces misé-
» rables glands d'or que vous voyez à mon burnous. » Et
» aussitôt il les coupa. Depuis cette époque, il n'a plus porté
» sur lui le moindre filet d'or ou d'argent.

» Abd-el-Kader aime beaucoup l'étude, à laquelle il con-
» sacre le peu de moments que lui laisse sa vie agitée; il
» a une petite bibliothèque qui le suit dans toutes ses cour-
» ses. Voici quel est au camp l'emploi de son temps, lors-
» que la journée n'est pas prise par des opérations militai-
» res : En arrivant dans sa tente, après la marche du jour,
» il ne garde qu'un domestique près de lui, et consacre
» quelques minutes à des soins de propreté. Il fait ensuite
» venir des secrétaires et successivement ses principaux
» officiers, et travaille avec eux jusqu'à quatre heures; il
» se présente alors à l'entrée de sa tente, et fait lui-même
» la prière publique; il prêche ensuite pendant une demi-
» heure, en ayant soin de choisir un texte religieux qui
» qui l'amène naturellement à mettre en circulation les
» idées qu'il lui convient de répandre sur la guerre et la
» politique. Du reste, personne n'est obligé d'assister à ses
» sermons.

» Il dicte avec une facilité extraordinaire, et recourt as-
» sez fréquemment à des citations pour appuyer ses répon-

» ses. Il a auprès de lui un khodja, ou écrivain qui ne le
» quitte jamais. Un conseil, composé de quatre chefs ara-
» bes, et assisté de ce khodja et d'un trésorier, se réunit
» de temps en temps pour délibérer sur les affaires impor-
» tantes. Tous les jours, matin et soir, et à tour de rôle,
» un des membres se rend chez Abd-el-Kader, pour tra-
» vailler avec lui. Dans sa correspondance avec les gou-
» verneurs français, il a constamment fait preuve de tact,
» et, plus d'une fois, on a pu remarquer avec quelle adresse
» il cherchait à échapper à un engagement décisif.

 » Abd-el-Kader n'a jamais voulu venir à Oran, quel-
» ques instances que les généraux qui y commandaient
» aient faites pour l'y attirer. Il se serait cru diminué de-
» vant les Arabes, s'il était entré en contact avec des chré-
» tiens. De tous les officiers qui ont eu le commandement
» de la province, le général Bugeaud est le seul qui ait pu
» le voir avant la convention de la Tafna.

 » Il mange seul, et fait peu de représentation. Contre
» l'usage des Arabes, il ne prise et ne fume jamais. Sobre
» dans ses repas, austère dans ses mœurs, il affecte la pau-
» vreté; il n'oublie point que la dévotion a été le piédestal
» de sa fortune, et fils reconnaissant, il n'a garde de renier
» sa mère. » (*Histoire de la régence d'Alger*, par M. Clau-
solles.)

FIN DES NOTES.

TABLE.

—

P.-S.

Cette deuxième édition était déjà imprimée quand j'ai reçu, le 26 mars, la lettre suivante, que je crois devoir y joindre. C'est la première fois, depuis sept mois d'intime correspondance, que l'infortuné captif m'écrit de cette façon, et laisse s'exhaler, dans un cœur dont il apprécie les sentiments, ce qui oppresse si douloureusement le sien.

D'autre part, je reçois de plusieurs personnes, qui l'ont visité depuis mon retour d'Amboise, des lettres déchirantes sur l'état de tristesse, de langueur des femmes de sa Deïra, que ces nobles dames ont pu voir presque aussi intimément que j'ai vu, que je connais moi-même Abd-el-Kader; il est impossible de parcourir leurs lettres, d'en lire surtout certains détails, sans concevoir pour un avenir peu éloigné les alarmes les plus sérieuses relativement à la santé, à l'existence des malheureuses habitantes du château d'Amboise.

L'Émir ignorait encore, le jour où il m'écrivait

ainsi, ce que j'avais cru, dans ma conscience d'homme, de chrétien et d'évêque, devoir publier sur son compte.

Vous, lecteur de bonne foi, laissez-moi vous redire, avec une conviction que vous excuserez au moins, si vous ne la partagez point, que je croirais, moi, plus que jamais, à la sincérité de la parole de l'Émir, au serment qu'il remettrait, suivant son expression, entre les mains du peuple Français, surtout sous les auspices de la religion.

Laissez-moi vous redire qu'à mon avis il est infiniment regrettable, sous les plus graves rapports, que la capitulation de décembre 1847 n'ait pas reçu son accomplissement immédiat;

Et qu'en retardant trop cet accomplissement, rigoureusement exigé par l'honneur et la justice, on s'expose manifestement :

Ou à laisser mourir Abd-el-Kader sous les verroux d'Amboise, ce qui serait tout à la fois une tache au front de la France, et une épine profonde au cœur des Arabes de l'Algérie;

Ou à justifier plus tard, jusqu'à un certain point, de la part d'Abd-el-Kader, des sentiments différents de ceux qu'il garde heureusement encore;

Mais, dans tous les cas, à ôter, dans la suite et parmi les indigènes de l'Algérie, la confiance si précieuse et si parfaite qu'ils avaient eue jusqu'ici dans notre parole.

« De tout temps, me disait Abd-el-Kader il y
» a peu de jours encore, de tout temps, en Afrique,
» la parole française a été regardée comme synony-
» me de vérité, de loyauté, d'honneur; c'est pour
» cela que j'y ai eu moi-même tant de foi. Savez-
» vous bien, cependant, que si trop longtemps dé-
» sormais on nous refusait de tenir celle qu'on nous
» a donnée, il n'en serait plus ainsi à l'avenir dans
» notre pays, et que nul n'oserait plus s'y confier?»

Je livre ces paroles textuelles aux méditations
de ceux entre les mains desquels la Providence con-
duira ce petit travail, bien chétif de forme, de vo-
lume, de talent, mais énorme de bonne foi de la
part de son auteur, non moins que de résultats qu'il
n'aura pas dépendu de lui de conjurer, si sa voix
profondément consciencieuse n'est pas entendue.

« Seule, la majesté du malheur soutient encore
» Abd-el-Kader au château d'Amboise; mais il con-
» centre sa douleur à tel point, qu'elle en devient
» réellement effrayante; et qui oserait prévoir, cal-
» culer ce qui adviendrait, si enfin son courage ve-
» nait à défaillir? » (Dernière lettre de Mme la C^se
de B.)

Hélas! ce qui vous reste à lire ne vous fera peut-
être que trop redouter avec moi que le moment de
cette défaillance ne soit déjà proche.

4

« Gloire à Dieu seul,

» de la part de ceux qui souffrent dans l'exil!

» Salut.à celui que nous chérissons comme un
» père, à notre ami le seigneur Dupuch (l'ancien)
» évêque de l'Algérie.

» Il connaît, lui, notre affliction, la tristesse pro-
» fonde de nos cœurs, nos privations et nos besoins;
» il les connaît, et il sait y compâtir.

» Que la paix soit sur toi!

» Nous avons reçu les nobles paroles que tu nous
» as écrites. Tu nous annonces que tu t'es décidé à
» publier ton ouvrage sur la religion chrétienne en
» Afrique; cette nouvelle nous a réjouis, car nous
» espérons que Dieu en bénira la publication, et
» qu'ainsi ce livre deviendra d'une grande utilité
» pour ses serviteurs.

» Mais, hélas! tu nous annonces, en même temps,
» que tu ne peux pas venir nous visiter avant la fin
» du grand jeûne des chrétiens. Cette dernière nou-
» velle nous a contristés au-delà de toute parole.
» Ne sommes-nous pas malades, et ne fais-tu point
» comme certains médecins, qui, n'ayant pas entre
» les mains des remèdes efficaces, essaient de tran-
» quilliser leurs malades par des promesses? C'est
» leur dire, en d'autres termes : « Mourez, car je
» n'ai pas de médecine égale à votre mal. »

» Nous nous résignons, cependant, en répétant :

» Que ce que Dieu veut, se fasse; que ce qu'il ne
» veut pas, ne se fasse point!

» Tu veux bien aussi nous parler des sœurs de
» la Charité que tu as placées auprès de nous, et
» qui ont déjà commencé à y remplir leurs miséri-
» cordieuses fonctions. Ah! nous avons grand be-
» soin de secours, en effet, tous tant que nous som-
» mes ici, hommes et femmes; car tous nous souf-
» frons cruellement; en voici surtout la cause :

» Ce pays-ci est pour nous le pays étranger; nous
» ne pouvons pas nous accoutumer à y vivre; ce
» climat est très-contraire à nos habitudes, et il sem-
» ble qu'il veut nous arracher jusqu'aux derniers
» restes de notre existence passée. Que devien-
» drons-nous si Dieu lui-même ne nous soutient de
» son bras puissant? Nous ne cessons de l'implorer.

» Nous n'aurions dû trouver dans ce qui nous a
» été dit depuis le commencement de notre capti-
» vité, que de la justice et de la sincérité; mais,
» hélas! l'ambition n'aveugle que trop souvent le
» cœur des hommes; ce qu'elle entraîne avec elle
» les rend injustes; elle les empêche de croire à la
» franchise des autres; elle dénature à leurs yeux
» les paroles et jusqu'au bon sens de ceux-ci.

» Certes, nous, désormais, nous n'avons plus
» d'autre ambition que celle qu'un pauvre exilé peut
» avoir encore; c'est-à-dire de voir arriver enfin le
» terme de notre désolation, le moment où nous

» pourrons partir pour aller mourir là où nous avons
» demandé de nous retirer.

» Il nous semble pourtant qu'un voyage aussi
» pénible, il nous semble surtout que les cruelles
» angoisses que nous souffrons depuis si longtemps,
» et qui augmentent chaque jour par le retard que
» nous éprouvons, justifient bien assez de tels dé-
» sirs.

» Nous promettrions solennellement au peuple
» français, si élevé dans l'appréciation des malheu-
» reux, si généreux; et il serait assuré de la sin-
» cérité, de l'inviolabilité de la parole remise entre
» ses mains; nous jurerions de l'aider partout où
» nous pourrions être, bien loin de lui nuire en rien;
» et il n'y aurait pas un seul musulman qui ne s'em-
» pressât, à notre imitation, de le servir fidèle-
» ment, et de marcher à ses côtés dans notre cher
» et noble pays.

» Ici le climat nous fatigue extrêmement, il nous
» use tous peu à peu; nous ne pouvons plus y vi-
» vre sans mourir bientôt. Les médecins français
» qui nous visitent en sont convaincus, et cette ap-
» préhension leur fait souhaiter notre départ.

» On craint que nous ne fassions du mal, une fois
» devenus libres; ah! nous, au contraire, nous sa-
» vons bien que nous garderions la ~ ~x avec soin.
» Nous serions heureux d'être utiles à tous, sans
» exception; vie, propriétés, nous les respecte-

» rions, nous les ferions respecter par nos conseils;
» tous ceux qui nous aiment vivraient dans la paix,
» dans l'union avec vous; nous serions heureux,
» vous aussi.

» Souvenez-vous du proverbe arabe : « Ne prends
» pas, ne garde pas avec violence, et on te ser-
» vira, on te donnera avec complaisance. »

» Tout est, il est vrai, entre les mains de Dieu;
» car c'est lui qui a tout fait. Mais il est un autre
» proverbe arabe bon à rappeler : « Celui qui chérit
» son serviteur et lui témoigne de la confiance, est
» assuré d'en recevoir des services qui feront son
» bonheur; celui qui ne l'aime point, eût-il même
» confiance en lui, ne recueillera à la fin que mal-
» heur. »

» Pour toi, adieu de la part d'Abd-el-Kader, Ben
» Mahi-Eddin.

» Le quatorzième jour du mois Ettani de l'année
» 1265. »

(Traduit par M. l'abbé J. Roru, à Bordeaux.)

الحمد لله وحده

من عبد الناصر ربه محب التبجيل ا ...
لنا في الغربة المذكورة من فضلك تسأل
العلم والكلام الوبي والحسا انت وا ٠
الله المعظل المعظم كبير الغس بسبب
السب د يبعث السلام بليك حـ
المحبة ونعد ما كنا بك العزيز علينا و
لنا في السلام الحجديد نهلك السلا بكون
بكل خير وبكل ما بيحصونه جـ ركونوا
شك نلتي عندنا لبجعل لنا السرور و ٠
انت السبب في كل خير حصل لنا او
ونحد لظهر ذلك والحمد لله وما ننسوا ا
بانها عندنا اعبا د وابلغ عمرو وبي
و رحغني واولاد وكلهم من وحشو فيك
عندنا وللسلام جـ الرابع والعشرين من

Gloire à Dieu seul,

de la part de l'humble serviteur de celui qi
sauteur du monde, qui ménage au cœur des
a exigé de nous le sacrifice de ce que nous avi
            Qu'il daigne nous pardonner no
tous ses serviteurs! puisse par son inspiration la l
cassion des Évêques, tes frères, ne jamais faire déf
les gens du monde et les puissants du siècle
            Seigneur Dupuch! que la paix se
tout ce que tu feras pour celui que tu chéris: é
il qui nr seul nous soulageront dans nos é
            Au commencement de cette nouve
répandre ses bénédictions sur tous ceux qui n
ce que nous désirons ensemble.
            Pour toi nous désirons surtout qu
supplions de ne pas retarder: la présence nous apporter
            Si tu ne peux pas venir encore, nous
volonté de Dieu et nous ne lui en rendrons p
nous ne cessons pas d'espérer que tu viendras e
auprès de nous, tu n'arrêteras pas la course
sous notre toit —
            Ces jours-là seront pour nous tous
quons, mes Frères, et moi plus que tous, nous n
            Tous ensemble nous désirons ardeun
impatients, aussi nous te conjurons d'arriver le p
                        Adieu
                        Le vingt-c

www.ingramcontent.com/pod-product-compliance
Lightning Source LLC
Chambersburg PA
CBHW071805090426
42737CB00012B/1962